慧育

学生

HUIYU XUESHENG

ZUO YOULILIANG DE BANZHUREN

慧育学生
做有力量的班主任

李鸿喜◎著

天津社会科学院出版社

图书在版编目（CIP）数据

慧育学生：做有力量的班主任/李鸿喜著．--天津：天津社会科学院出版社，2023.9
ISBN 978-7-5563-0915-3

Ⅰ.①慧… Ⅱ.①李… Ⅲ.①中学－班主任工作－研究 Ⅳ.①G635.16

中国国家版本馆 CIP 数据核字（2023）第 183439 号

慧育学生：做有力量的班主任
HUIYU XUESHENG：ZUO YOULILIANG DE BANZHUREN

选题策划：柳　晔
责任编辑：沈　楠
责任校对：王　丽
装帧设计：高馨月
出版发行：天津社会科学院出版社
地　　址：天津市南开区迎水道 7 号
邮　　编：300191
电　　话：(022) 23360165
印　　刷：北京建宏印刷有限公司
开　　本：787×1092　1/16
印　　张：15.75
字　　数：200 千字
版　　次：2023 年 9 月第 1 版　2023 年 9 月第 1 次印刷
定　　价：78.00 元

前 言

做学生心灵的点灯人

米哈伊尔·伊凡诺维奇·加里宁曾言:"教师是人类灵魂的工程师。"作为一名阅历丰富的班主任,我认为,相比任课教师,班主任承担着更多教育学生、帮助学生树立良好价值观的责任,与学生的生活有着更加密切的联系,有更多的机会能够影响学生的"灵魂"。

我小时候的梦想是做一名主持人或者老师,初中开始就立志学文,上了高中本想大展拳脚,但在文理分科的时候,班主任的一句话改变了我的命运。我们老师说,咱们学校重理轻文,你要想考大学你就学理,当时我只是迟疑了一会儿就做出了选择——学理,那一刻上大学比理想重要。后来不能考主持人,师范学院成为我唯一的梦想。曾经的我对班主任心怀怨念,因为她的一句话,我做主持人的心愿未能达成,每次拿起话筒我都会想到她。但现在我非常感谢她,因为教师这一职业不仅让我实现了梦想,还体会到别的职业所不曾拥有的快乐。经常有老师问我："你后悔不后悔当老师？有没有想过放弃？"我从来都说不后悔，因为我喜欢，我在从事我喜欢的职业。这并非打官腔。看到学生的进步与成长，无论是在校还是毕业的学生，看到自己对他们的影响，我就非常骄傲。我想，既然教师是我一辈子的职业，那我就没有理由不去做好。事实也证明，只有发自内心地喜欢一份工作，才能干好。

选择教师这一职业就是选择了平凡，虽平凡但伟大。小时候我的班主任们高尚的人格魅力，深深影响了我。因此，成为像他们一样优秀的老师，一样优秀的班主任便成了我的职业理想。我在追求卓越的路上，一直奋斗着。有过困惑和迷茫，也有过欣喜。我归总问题，认真反思，在实践中不断改进自己工作的方式方法，随着年龄心态的变化以及接触学生类型的增多，我的工作方法也有很大的转变。我曾庆幸自己对人对事能有积极的影响，也曾懊恼自己当时的鲁莽或经验不足所造成的伤害。我知道，班主任这份工作已经成为我身体的一部分，成为我生活的主旋律，我享受作为班主任的日子，也希望我的学生能够享受学习和生活，能够快乐地生活，生活得快乐。

2018 年 9 月 10 日，全国教育大会在北京召开。中共中央总书记、国家主席、中央军委主席习近平出席会议并发表重要讲话。习近平强调，长期以来，广大教师贯彻党的教育方针，教书育人，呕心沥血，默默奉献，为国家发展和民族振兴做出了重大贡献。教师是人类灵魂的工程师，是人类文明的传承者，承载着传播知识、传播思想、传播真理，塑造灵魂、塑造生命、塑造新人的时代重任。

我们肩上的担子很重，我们心中的天地很宽。只有发自内心热爱学生、尊重学生，才能扛起时代重任，完成历史使命。征途漫漫奋斗不止，历尽铅华矢志不渝，决定我们教师精神面貌的，从来不是时间长短，而是使命在肩的深沉力量。面对崭新的时代,面对00后的学生,面对新的选课走班制度,面对学校发展的问题,我想每一位老师都会为理想的结果深思熟虑,全力以赴。

我特别喜欢汪国真先生的诗歌《热爱生命》:我不去想是否能够成功,既然选择了远方,便只顾风雨兼程。我不去想能否赢得爱情,既然钟情于玫瑰,就勇敢地吐露真诚。我不去想身后会不会袭来寒风冷雨,既然目标是地平线,留给世界的只能是背影。我不去想未来是平坦还是泥泞,只要热爱生命,一切都在意料之中。

因此,我选择写下本书。作为一名深耕多年的班主任,我记录日常工作,总结经验,汇总成书。本书既有对过去工作的总结,也有对未来生活的期许,希望能够给即将踏入,或者初入行当的教师们一些启发,如有错误,欢迎批评指正。

目　录

努力把班主任工作做得有滋有味

新课程标准对教学目标和教学要求作出了具体规定,对教师的教学工作和教学方式也提出了新的要求。但是部分教师依然对新课标要求的班主任工作重视不足,包括改进班级管理观念和策略等方面。基于此,班主任更需要提升自我,才能促进学生的成长。班主任不仅仅是一个"职务",更多的是一份责任和担当。只有真正意识到了班主任所要承担的职责,才能真正地成为一名"合格"的班主任。

班主任是德育工作的建设者。在教育工作中,思想品德教育是必不可少的环节,对促进学生的德智体美劳全面发展和心理健康具有重要作用。班级是进行教育教学的最基础单位,班主任的日常工作就是对学生进行思想品德教育,促进学生健康成长。与学生朝夕相处,对每个学生的情况都了如指掌,对每个学生的学习和生活都要负起直接责任。学生正确的人生观、价值观需要班主任进行引导,教师应通过主题班会和其他思想教育课引导学生形成良好的"三观",从而推动班级德育工作的建设。

班主任是维系各项工作的联络者。学校工作是复杂的,班主任不仅要对本班学生负责,还要落实学校的各项工作要求,联络学校各个部门进行工作安排。后勤、体育卫生、课外兴趣社团、共青团、学生会工作等,都需要班主任参与协调。高中生学习的科目众多,还要参加学校组织的各项文娱活动、知识竞赛、科技比赛等,这需要班主任与各个教师联系,互相配合,为学生的学习和竞赛提供后勤保障。通过班主任的连接和维系,任课教师之间能够团结协作,进而更好地教育学生。

班主任是沟通学校和家长的桥梁。学校教育是社会教育的一种形式,学生、家长和教师都是社会成员之一。学生的思想品德建设和学习生活都是在一定的社会条件下,在家校共同作用下实现的。随着时代发展,学生与学校、家庭和社会的联系日益密切,教育社会化成为重要的发展趋势。学生在接收社会信息的同时,良莠不齐的社会文化也在影响着学生,需要班主任与家长做好沟通与协调,家校一体为学生的健康生活环境做好保障。班主任要在学校教育和家庭教育中发挥重要的桥梁作用。

作为一名高中班主任,要认识到高中生所处的特殊生活阶段,并有针对性地提出解决办法。在我的工作中,我观察到了目前高中班主任工作可能存在以下问题:

一是忽视学生的心理健康教育。高中生与初中生最大的不同在于高中生的学习任务更重,学科知识也更抽象化和多样化,学生在面对繁重的学习和心理压力时难以自我调节。在各种形式的测验和考试中不能理性看待自己的问题,给自己造成了太大的学习压力,进而影响到学习状态和精神状态,甚至部分学生可能出现食欲不振、精神萎靡、情绪低落、课堂走神等不利于学生学习和生活的情况。班主任忙于教学工作,可能会忽视对学生心理健康的关注,使得学生心理问题愈发严重,危害他们的身心成长和学习生活。

　　二是忽视对学生的品德教育。高中时期是学生独立意识形成的时期，也是学生人生观、价值观和世界观形成的关键时期，需要班主任对其进行正确的引导，及时关注学生的思想变化。当前教育背景下，班主任对学生的关注偏向学科理论知识层面，很多班主任没有意识到高中生在这个阶段的心理发展特征和精神需求，过度压制学生的个性发展。同时高中生在社会和网络中会接触到各种良莠不齐的信息，如果班主任不能及时引导学生形成正向的世界观、人生观、价值观，提高学生的品德修养和道德意识，那么学生可能会形成不良思想。

　　三是缺乏对班级的科学管理。部分班主任受自身专业能力和班级管理建设水平的限制，对班级管理工作缺少科学的理论支持和有效的管理办法与实施策略。在遇到学生有违纪情况时可能会直接在学生面前批评或者惩罚学生，这种做法极易伤害学生的自尊心，降低班主任在学生心中的信任值。班主任在面对各种突发情况时心理准备不足，无法理智地看待学生的行为，在处理问题的时候采取不正确的方法，会使学生对班主任的工作出现消极情绪，影响班集体的建设。而在班风建设过程中过于强调学习风气，忽视了学生的精神需求和班级团结协作氛围的重要性，则不利于学生的个性发展和互助友爱的班级氛围形成。

　　这些问题还是笼统而言，真正落实到高中班主任的工作中时，问题会更加琐碎具体，因此对高中班主任提出了很高的要求。本书旨在总结笔者日常工作经验以提供合理借鉴。

　　本书第一章提出对"班主任"业务能力的要求，将关注点放在了班主任的核心素养和思维方面，在师德师风和业务能力上，对班主任提出了基本要求，而"边缘生"和班主任大赛这两节的内容则是针对一二节内容的具体实践。第二章则从班集体的建设和发展入手，探讨如何让学生在集体中成长。

人终究是社会性动物,在学生接受高中教育的当下,他们与班级成员、老师的交流时间甚至要远大于自己的父母,因此班集体的建设对高中生的成长至关重要。本章从班级文化、领导班子等班集体"基础架构"的建设入手,点明了班集体的主角是"学生",以学生为先,服务学生,团结学生的本质。第三章从应该在"师生"关系中占据"主导"地位的学生出发,主要探讨班主任与学生的相处之道。高中生是非常特殊的学生群体,作为成长中的"青年",他们对于人生有着更多自己的思考,但这些思考仍旧需要人来引导,班主任扮演的就是这个角色。本章从分析高中生所处的特殊阶段入手,到师生工作的重点、如何应对特殊学生,最后探讨在新时代"信息化"形势下,高中班主任应该如何与时俱进地进行教育工作。第四章着眼在一个师生关系中看似隐身,实际上发挥着巨大作用的群体——学生家长身上。现代心理学的多项研究表明,原生家庭对一个人身心成长的影响远远大于我们的想象,因此,我们不能让家长从学生的教育中缺席,要充分发挥家长的作用,完成"家校共建"的工作。第五章是笔者多年从事班主任教学工作的反思和总结。从2004年大学毕业成为一名班主任开始,我跌跌撞撞走过了十几年的班主任生涯,这其中犯了一些错,懂得了一些道理,也在不断提升自己,不断成长。从初出茅庐的毛头小子到现在的"津门优秀班主任",我在这一过程中获得了很多,也希望可以总结我在工作中走的弯路,给新生代的班主任一些借鉴。最后一章是我校与新疆联合开展的内高班建设工作。与普通班相比,内高班的建设工作具有更多的特殊性和典型性。但在我看来,所有的学生都是学生,都需要我们抱着无比的热爱,投入到教学工作中去。

有幸付梓,倍感荣幸,望能给大家带来一些思考与启发。

相得益彰：
班主任的核心素养和思维

　　一个班级的发展离不开班主任的组织与引导。班主任作为班级主要负责人,在班级日常管理过程中发挥着至关重要的作用,不仅需要向学生传授相应的知识内容,还需要处理日常发生的事情,学生的学习、生活、成长、思想等都离不开班主任的帮助。在教学活动中,班主任应不断引入先进的教学和管理理念,丰富自身的知识储备,提高职业素养,让学生可以快乐健康地成长,使学生能在学习知识的同时,树立正确的道德价值观,提高综合素质,为今后的学习、成长奠定坚实基础。

　　我们经常听到"班主任效应",即班主任所教的学科往往是学生最重视的,成绩也应该是最好的。然而,只靠班主任效应一定是不够的。当一个班级的学风浓厚时,不会只有某一学科受到学生青睐,学生会全方位重视和学习。因此,班主任需要在班级内营造浓厚的学科氛围,在学生心中树立威信,激发和促进科任教师并肩作战的动力。

　　班主任是班级的第一负责人。我们每天要保证几十个鲜活生命的安全和健康。我们每天做着阳光下最神圣的职业,并承载着国运。每当我们走进校园时都这样告诫自己,责任感便会油然而生。爱心是所有老师必不可少的,班主任更是如此。我们要做孩子中学生活的避风港(但绝不是保护伞),用我们内心的爱来浇灌每一朵含苞待放的花蕾。

第一节　师德师风:班主任工作的基本要求

百年大计,教育为本;教育大计,教师为本;教师大计,师德师风为先。到底什么是师德师风?

师德是教师职业道德的简称,是教师的道德意识、道德关系和道德活动的总和,是教师在从事教育教学活动、履行教书育人职责时所必须遵守的行为准则和道德规范,也是教师的世界观、人生观、价值观的体现,是教师应具备的最基本的道德素养。师风是教师这个行业的风尚风气,是教师的教学学术作风,是教师思想文化素养和人格修养的综合体现,也是教师的道德、才学、素养的集中反映。师德师风是教育工作者的灵魂。师德承载着教师对学生的热爱和对事业的忠诚,象征着教师执着的追求和高尚的人格。另一方面,师德直接影响着学生们的成长。

在高等教育大发展的重要时期,加强师风师德建设具有重大意义,它关系到教育事业的兴衰、人才培养的优劣和国家民族的前途与命运,正所谓"师德兴则教育兴,教育兴则民族兴"。因此,高校教师应认真学习,提高对师风师德建设意义的认识,积极参与新时期师风师德建设,坚决贯彻落实教师职业道德规范,大力倡导优良教风、学风和校风。

教师是"人类灵魂的工程师",对学生的成长和成才的作用不言而喻。在当今社会,教师职责不仅是"受业""解惑",更重要的是培育新人,既教书又育人。教师又是一个崇高而特殊的职业,其崇高之处在于他塑造的是具有鲜活生命的人而不是物,其特殊的地方是这个职业责任重大,不允许出"次品"。因此,教师要不断加强师德师风修养,树立当代良好的师表风范,以对祖国和人民负责、对学生负责的态度对待教学工作,认真备课,精心组织课堂,严格执行教学规章制度,不断更新教学内容,改进教学方法,为振兴中国教育作出新的贡献。

一、师德师风建设的意义

师德师风历来受到人们的高度重视,古代有孔孟之风,今天也有许多杰出的教育典范。师德是一名教师必须具备的基本素质,班主任自然也不例外。师德师风影响着我国教育事业的发展。师德至上,要求中学班主任要热爱中学教育,热爱自己的工作,树立自己的职业理想,并始终坚守社会主义核心价值观和教师的职业道德操守,在教育教学管理中,始终把"法"放在首位,用自己的人格和学识魅力感染每个学生,逐渐成为其成长道路中的启明星。

(一)贯彻以德治校的方针和以德治国战略

师德是指教师在工作中的工作作风和道德品质,主要包括了他们对政治问题的关注和理解、对自己的事业的热爱、对工作的严谨态度与责任感、对学生的关心和爱护、与同事的协作等。加强中学的师德师风建设,是顺应国家"以德治国"的重大战略方针,与"科教兴国"理念紧密相通。中学是学生成长和发展的最初阶段,中学课堂是学生获得知识的重要来源,而中学班主任则是他们学习道路上的启明星。所以,高中必须加强师德师风建设,班主任也要提高自身的职业素养和道德修养,才能造就一支优秀的中学教育队伍,真正起到模范作用,并有效促进学生道德修养和价值观的培养。

(二)这是培养社会主义事业接班人的内在需求

在经济全球化的冲击下,各国间的竞争日益倍增。高中生作为中国特色社会主义的传承者和建设者,祖国的未来和希望,他们的思想意识体系尚未完全建立，三观也处于形成阶段，班主任在这时需要承担起引导中学生树立正确政治信念的重任，培养他们的荣辱观、价值观、人生观和世界观，健全其个性，帮助其树立良好的思想观念，才能为学生今后的生活和学习奠定坚实的基础。所以，作为一名高中班主任，应该具有职业素养和师德修养，才能使中学生在生命的关键时期实现健康全面的发展，并引导学生投身于中国特色社会主义事业建设，真正地培育出一批高质量发展的中学生，为祖国未来的建设输送一批又一批优秀的后备军。

二、对班主任的师德师风要求

首先要有爱岗敬业，献身教育事业的精神。要敬业乐业、勤业精业，热爱教育事业；要学习政治理论，坚定理想信念，强化献身精神；学习教育理论，更新教育观念，遵循教育规律；学习专业知识，优化教学过程，提高教学效率；学习教育法规，增强法律意识，依法执教。树立正确的世界观和人生观，热爱本职工作，热爱学生，增强事业心和责任感。既然选择了教育事业，就要对自己的选择坚定。

教师要具有高度的工作责任感。一名称职的教师要以对历史、对社会、对学生高度负责的精神，努力做好教书育人的工作。我在多年的教学工作中牢记教师的重要职责，将对教育事业的热心自觉转化为责任心，并注意提高自己的思想修养，严格要求自己，自觉遵守学校的规章制度，以身作则，洁身自好，依法执教。

教师要树立学习意识，自觉培养自己的师德师风。教师道德是能够引领人格、感染心灵、启迪智慧的精神。高中班主任要在不断的学习中提高自身素质，树立正确的世界观、人生观和价值观，才能在复杂的环境中站稳脚跟，保持自己的良心，还要在教学实践中不断地学习，深刻领会教师职业道德的本质,培养学生的职业素质。作为一名班主任,必须主动投身到思想政治工作中去,掌握时代脉搏,与时俱进,以适应新时期教育发展的要求。另外,班主任要在持续的学习中提高对教育事业的敬畏,以严格的标准要求自己,始终以饱满的精神状态培养未来国家复兴的新生力量。

教师要注重自我塑造。作为"传道授业"的教师,只有不断更新自己的知识,提高自身素质,完善自己,才能教好学生,无愧于大学教师的光荣称号。当今社会在前进,教育在发展,科学在进步,新技术、新知识也不断涌现。我认为教师应注重自我学习、自我修炼、自我约束、自我调控,要树立活到老,学到老的思想。首先,要学习党和国家最新的方针政策、法律法规,了解国际国内形势,提高自身思想政治素质。其次,要转变教育观念,加强业务学习,更新和拓宽自己的知识领域,努力使自己具备可持续发展的能力。在教学中反复研究教材,了解学生,内视反听,以适应教育新形势的要求。为了进一步丰富自己的业务知识,提升教学水平和教学能力,应积极创造条件,争取学习深造的机会。

教师要弘扬传统师德,注重精神教育。历代先贤在长期的实践中,都形成了中国特有的师德传统。"其身正,不令而行。其身不正,虽令不从",体现了教师以身作则的人格魅力;"学而不厌,诲人不倦"则是教师应具有的职业进取、严谨认真的精神;平等对待每一位学生亦是教师必须坚持的教育准则。要成为具有良好师德师风的人民教师,就要甘于奉献,言传身教,"传道授业解惑"。这些具有中国特色的师德传统,源远流长,教师传承优良师德的同时,要发扬中国特色的师道精神,肩负起时代的重任与使命。

三、师德师风随笔:何所冬暖,何所夏凉

1981年我在东北的一个小镇出生,这个小镇十分重视教育。育红班的

老师是我的邻居,我称她林阿姨。记得她的头发总是盘着,穿着那个年代流行的假领子。育红班有很多家里没有的玩具,每到六一儿童节,我们都是去镇政府的礼堂联欢,我和一个女同学站在钢琴边合唱,老师给我们化妆,演出完我累得不行,到家就睡,醒来满脸的妆都花了

这是我们育红班毕业的合影,大家看到的也许是贫困,但我看到的是无限快乐的童年,以及那些带给我快乐的老师们,她们真好。

1989 年,我上小学。一二年级放学没有准点回家的时候,因为我课上的东西总是学不会,被老师留下来补习功课。再后来,有一年刮大风,顺着风大火燎到我们老师的家,我第一次见到了消防车。同学们都跑回家拿水桶,我也不例外,我还记得风吹着我跑,水桶发出吱吱呀呀的声音,那一刻我们忘记了火灾的危险,一心只想去救老师。我们老师做公开课,讲海底世界,他用彩色粉笔画出了我们未曾看到过的海底。

1994 年,我上初中。学校来了很多刚刚毕业的大学生。有一次考试,同学们早早交完卷子出去玩了,教室里只剩下五位同学稳稳当当地答题,其中有我,一位老师说,这五个学生将来都差不了。果真,两百人的初三,这五个孩子如今在大城市生活打拼。

1997 年,我上高中。第一天就被宿管老师狠狠批评了一顿,因为我把被子叠放反了。停电了,老师买了很多蜡烛,陪着我们点蜡烛上课,烛光中老师的背影高高大大。

2000 年,我上大学。讲《数学分析》的教授是一个有点矮的老人,总是穿着西装,系着同颜色的领带,上课从来不带教案,讲得特别好。

每个阶段的老师都给我留下或深或浅的印象,这些人中,有的是我的邻居,有的因为工作累坏了身体,有的业务能力超强,有的让我看到了希望,有的让我得到了教训。这些老师确确实实用他们高尚的师德师风影响着成长

路上的我。

长大后我就成了你。才知道那间教室，放飞的是希望，守巢的总是你；才知道那块黑板，写下的是真理，擦去的是功利；才知道那支粉笔，画出的是彩虹，洒下的是泪滴；才知道那个讲台，举起的是别人，奉献的是自己。

2004 年，我大学毕业，成为一名光荣的人民教师。当年的学生真正走进教师队伍，体验这支队伍独有的魅力。工作至今，已是 18 个年头，做了 15 年班主任，担任年级组长 9 年，在我身上发生了许许多多美好而感人的教育故事，我很幸福。

时代不同了，再也没有老师戴着假领子上课了，取而代之的是时髦的着装；但依然有老师放学后给学生义务补课；再也没有老师用粉笔画海底世界，取而代之的是多媒体教学软件呈现出真实的海底；考上高中的孩子越来越多了，再没遇到停电的时候；但依然有很多业务能力超强的老师，用他们丰富的学识、优秀的人格魅力照亮学生前行的道路。

教师这支队伍，的确是浮躁社会的一缕清风。我们在座的每一位都是清风中的一缕，我们都是会影响学生一生的人。一个人去影响一群人，教育如水，涓涓细流汇成江海；教育似山，连绵不断，巍峨挺拔。给学生如水的教育，给学生似山的精神依靠，是一件无比幸福的事情！

2018 年 9 月 10 日，全国教育大会在北京召开。中共中央总书记、国家主席、中央军委主席习近平出席会议并发表重要讲话。习近平强调，长期以来，广大教师贯彻党的教育方针，教书育人，呕心沥血，默默奉献，为国家发展和民族振兴做出了重大贡献。教师是人类灵魂的工程师，是人类文明的传承者，承载着传播知识、传播思想、传播真理，塑造灵魂、塑造生命、塑造新人的时代重任。

我们肩上的担子很重，我们心中的天地很宽。唯有拥有高尚师德师风的老师，才能扛起时代重任，完成历史使命。天津市第四十五中学自1954年建校，至今(2023年)已有69年的历史了，69年来涌现出许许多多拥有高尚师德师风的老师们，他们是我们的老师，是我们的楷模。接力棒在手，为了学校的发展，为了给国家培养出更多优秀的人才，我想我们不仅有继承的责任，还有传承的义务，更有发扬光大的决心。天津市第四十五中学的现在和未来就掌握在我们手中，成为一名优秀的老师，成为一名师德师风高尚的老师，我们义不容辞。

（一）以德之名修身

教师工作的示范性和学生所具有的向师性，使教师在学生心目中占有特殊地位。教师的世界观、学识和言行，时时刻刻在对学生起着重要的甚至是决定性的影响。古人云："以身立教，其身亡而教存"教师的言论行为、知识水平和为人处世的态度，都被学生视为榜样而竭力模仿。孔子曰："其身正，不令而行；其身不正，虽令不从。"

这就要求我们从点滴做起，从小事做起，以身作则，严格自律，率先垂范。要学生努力学习，自己就应当学而不厌，手不释卷；要学生认真读书，自己就应当积极备课，教学认真负责。凡是要求学生做到的，自己首先做到；禁止学生做的，自己坚决不做，在行动上为学生作出表率。

我们每天每年都在做着重复性工作，备课、讲课、判作业然后接着备课、讲课、判作业，如此往复循环直到退休，没有定力是干不好这份工作的。教学工作的某个三年，对我们来说只是几十年工作的短短一瞬，很快过去，但对于一个学生、对于千千万万个家庭来说却是一辈子多么重要的三年啊！我们浮躁了，教学环节松散了，积极性不高了，要求降低了，一时间会轻松一点，但扪心自问，我们能否达得了自己心底的标准，我们如果对学生产生消极的而不是积极的影响，我们是否会那么心安理得。我们是不是喜欢讲台上那个充满魅力的自己，我们是不是难忘看到学生取得好成绩的笑脸，我们是不是享受被学生视为榜样偶像的骄傲。在这个物欲横流的社会，我们教师要耐得住寂寞，禁得住诱惑，要有"捧着一颗心来，不带半根草去"的奉献精神，自觉坚守精神家园。不忘初心使命，敢于担当作为，自尊、自爱、自重，保持高尚情操，理想信念不动摇，在三尺讲台，默默耕耘，静待花开。

（二）以爱之名修心

"没有爱便没有教育"在一定程度上，热爱学生就是热爱教育事业。教师爱学生的目的在于让学生用善良、用真诚去爱自己、爱父母、爱他人、爱集体、爱社会、爱祖国。

教师对学生的爱，在性质上是一种只讲付出不求回报的、无私的、广泛的爱，在原则上是一种严慈相济的爱。这种爱是神圣的，学生一旦体会这种感情，就会"亲其师而信其道"。城市里生活节奏比较快，家长大多忙于工作，疏于和孩子沟通，很多孩子不听家长的话，更愿意听老师的，每天在学校的时间远远大于在家的时间，某种程度来说，我们既是老师也是家长。

爱学生就要严格要求学生。俗话说得好"严师出高徒""教不严师之惰"，严是有标准的严，是在一定范围内的严，是符合教育规律的严，是有利于学生德、智、体、美、劳全面发展的严。

严格要求不等于惩罚学生，应该做到严中有慈、严中有爱、严中有度、严中有方，使学生对老师敬而爱之，而不是敬而远之、敬而畏之。要充分尊重学生的人格，理解学生、信任学生、帮助学生，呵护学生的自尊心和自信心，不要伤害学生。对学生多一些鼓励，少一些训斥；多一份肯定，少一分否定；多一点表扬，少一点批评。要善于发现学生身上的闪光点，有闪光点要表扬，没有闪光点创造闪光点也要表扬。我们要带着对教师职业的热忱，将全身心的爱和感情倾注到教书育人上，用爱的甘露滋润学生的心田，努力做到

"不给学生留不便、不给工作留漏洞、不给教学质量留隐患、不给学校声誉留遗憾"，人人争当关爱学生、乐于奉献的教育楷模。

（三）学而不厌、诲人不倦

著名教育家叶圣陶说过："教师对自己从事的教学工作抱什么态度，对掌握业务知识抱什么态度，这也是师德问题。"因此，严谨治学是教师职业道德的重要内容。严谨治学、勤奋进取，是人民教师必备的一种可贵品质。教师只有掌握广泛的文化科学知识，才能为学生获得多方面的知识提供机会。只有不断地提高自身的业务素质，才能适应新时代不断发展和变化的育人要求，才能使自己具备与时俱进的时代品格，成为教书育人的时代先锋。

人民教师无上光荣，我们都要珍惜这份光荣，爱惜这份职业，严格要求自己，不断完善自己。不能只做传授书本知识的教书匠，而要成为塑造学生品格、品行、品味的"大先生"。"所谓大学者，非谓有大楼之谓也，有大师之谓也。"优秀教师要术业有专攻，时刻铭记教书育人的使命，以学术造诣开启学生的智慧之门。

（四）好言一句三冬暖，恶语伤人六月寒。

很多时候，一句同情理解的话，就能给人很大安慰，增添勇气，即使处于寒冷的冬季也感到温暖。而一句不合时宜的话，就如一把利剑，刺伤人们脆弱的心灵，即使在夏季六月，也感到阵阵的严寒。

老师，我这次考得怎么样？

"不咋的，啥也不是；不是那么理想。"

"数学选择填空15道题，对了5道。你真棒，就少10道，有很大的上升空间，你是咱班潜力最大的。"

"老师，那下次我怕我一道都不对。"

"没事，大不了从头再来。"

"看到你的进步，老师很欣慰，未来是你的，学吧学霸。"

老师，我有好几道题都蒙对了。

"你人品真好。"

老师，我又有好几道都蒙错了。

"你人品不稳定，人品靠不住。靠实力吧，好好学，总蒙也不舒服，加油，你是最棒的。"

如今选课走班，担心学生越走越乱，为了鼓舞人心，可以用幽默的话语进行提示："不管怎么走，头型不能乱、气质不能丢，往那一坐，自带仙气、热气腾腾、成绩必须好。"

数学课上，男生女生写题的小故事："巾帼不让须眉，红颜更胜儿郎。"

"10班两个字就是我们的徽章，每个同学线上课都要在名字前边加10班两字，不是谁都能拥有10班徽章的，我们要让这个徽章因你而熠熠生辉！要为10班争光，不能给10班丢脸。要积极回答问题，做榜样，做先锋，为全年级的同学做标杆，你们是带有使命和责任的！"

（五）征程万里风正劲，重任千钧再出发

征途漫漫奋斗不止，历尽铅华矢志不渝。决定我们教师精神面貌的，从来不是时间长短，而是使命在肩的深沉力量。面对崭新的时代、面对"00后"的学生，面对新的选课走班制度，面对学校如何更好地发展，我想每一个人都会深深思考，用尽全力。发扬学校奋发求实，不骄不躁的工作作风，发扬学校追求高尚师德师风的情怀，学校才能在砥砺奋斗中不断成长、在一次次发展进取中永葆活力。让我们一起努力、端正态度、全面建设我们的学校，实现学校更快更好地发展，让学校有一个更美好的未来，闪耀河东、享誉海内外。

教师，是一个神圣的称呼。师德，不是简单的说教，而是一种精神体现，是一种深厚的知识内涵和文化品位的体现。师德,需要培养,需要教育,更需要每位教师的自我修养。

一支粉笔,两袖清风,三尺讲台,四季诗意。何所冬暖? 何所夏凉? 师德高尚的老师冬暖夏凉,学生因我们而冬暖夏凉,并给予他人冬暖夏凉。

第二节　业务提升:班主任工作的重要抓手

班主任是班级的主要管理者,要管理好一个班级需要班主任做大量深入细致的工作,首先,班主任既是学校教育工作的组织者和践行者,又是沟通学校与各种学生组织、家庭和社会的桥梁。其次,班级管理的成功与否直接影响着学生的品行、学业、前途,乃至整个教育教学秩序的有效运行。那么,如何才能有效地管理好班级呢? 下面我将从几个方面,谈谈我自己的看法。

一、班主任应加强三个意识

(一)安全意识

一是人身安全;二是财产安全。

首先,在班级管理中容易造成人身安全的几个隐患:打架斗殴、集体性伤亡事故、群体性偶发事件。我们的应对措施:打架斗殴具有可预见性。学生打架不会是无缘无故的,一种是嬉闹或活动过程中出现矛盾、一种是强势群体对弱势群体的欺压。这就需要每一位老师在发现问题时及时制止,不要有事不关己高高挂起的思想。集体性伤亡事故具有可预防性。在每次大型活动、集会之前,都要对学生进行安全教育,防止挤压、踩踏等事故的发生。同时,在组织过程中,教师必须全程参与。群体性偶发事件要第一时间处理。

其次,造成财产安全的几种典型:贵重财物的丢失,且极易引发学生矛盾,造成更加严重的后果;财务劫持。应对措施:在入学教育时就告诉学生,学校不允许携带手机、MP3、MP4 等贵重物品进校;积极掌握第一手材料,以事前预防和事后积极处理为主要措施。比如,多了解学生的家庭背景、社会背景,学生之间的矛盾,哪些学生性格比较冲动,哪些学生是强势群体,哪些学生有不良社会关系。这些都对事前预防和事后处理有着积极的作用。

(二)防范意识

对任何事情都要有防范意识。如我校曾经出现学生离家出走的情况。

重点细节:在第一时间发现。周一升旗,站队(时)就发现少了一人(7:40);第一时间和家长取得联系。10 分钟内联系上家长(7:50);多次与家长联系。第一表示关心;第二说明学校在积极关注事态的发展,努力展开工作。得到家长的理解。积极做好协助工作。一方面让学生提供线索,通过不同渠道寻找;另一方面,马上安排车辆,老师和家长一起根据线索寻找,充分得到了家长的认可。我们要时刻绷紧防范意识这根弦。不怕出问题,关键事前预防,做好教育工作;事发之后及时发现并正确地处理,不能拖沓,不能有麻痹思想,同时要积极应对,多与家长沟通,先解决问题,事情解决后再说家长的问题。

(三)责任意识

只有当你把每名学生都当作自己孩子的时候,你的责任意识才会得到学生、家长的认可,你的工作才能有效地开展。

二、班主任应具备的五种能力

(一)业务能力

班主任同时还是一位科任教师,他必须按照学科大纲的要求把课上好,因为班主任都清楚只有上好专业课,使学生在本学科取得理想的成绩,才能为开展全面工作提供必要的保障,工作价值也会从教学成绩上得以体现,班主任工作才具有全面的说服力。作为一名教师讲不好课,是不会被学生接受的,不管是所谓的好学生,还是"特情生",讲课枯燥无味,学生就是不爱听,这会直接影响到老师在学生心目中的地位,以及削弱教师的教学效果。

（二）组织活动的能力

组织和建设班集体的能力。班级是学校进行教育教学工作的基本单位。班主任是班集体的组织者、教育者和指导者,班主任在班级教育工作中的地位和作用是任何人都无法替代的。因此,班主任有责任也必须努力把自己所带的班集体组织好、建设好,这样才能使学生在安全、和谐的环境中健康地成长。

要想有一个团结的班集体,要想组织好你的课堂教学,就必须学会组织学生活动。其意义在于,在活动中可以增强班级的凝聚力,增进学生之间的沟通,提高教师在学生中的地位。

第一,有周密的活动计划。班级活动应该有目的、有计划,有组织地实施,对活动的内容、形式、时间和程序应能根据学生年龄特点和知识水平周密计划,精心安排。每学期都应制订专门的活动实施计划,并纳入班级整体工作计划之中。开展每项活动,都应做到有准备、有发动、有检查、有评比、有记录、有总结、有成果展示,以达到预期目的。

第二,能有效地指导活动实施。教师的指导作用应体现在以下方面。积极发动:开展每项活动之前,教师应做好充分准备,进行思想发动,特别是讲清活动的意义和目的要求,使学生产生强烈的参与愿望,进而产生对学习各种技能、本领的浓厚兴趣。指挥实施:教师应善于把握活动的进程,恰当安排活动程序,控制每个活动环节,使之环环相扣,热烈而有秩序地开展;教师应能发挥班干部的骨干带头作用,有些活动可以让他们自行组织,自行管理,体现学生的主体地位;教师应注意发现、培养活动积极分子,发挥其典型引路作用,做到点燃一盏灯,照亮一大片。

第三,做好总结。每次活动结束之后,班主任都应实事求是地,进行全面总结和公正评价(也可以让学生自行总结和评价),既总结收获,肯定成功的一面,也要指出不足,明确应改进的一面,在不断总结经验教训中逐步提高班级活动水平,使之形成良性循环。同时,应能做好成果展示。

(三)与学生沟通的能力

教育管理学生不是单纯依靠制度的约束和简单的训斥。我们要依靠沟通,让学生感受到教师身上极强的亲和力和正气浩然的为人作风,从而用教师的人格魅力去感染、教育学生。一名有爱好特长、个性鲜明、充满爱心、性格独立,富有组织能力的班主任必定能像一个成功的指挥家那样,在创建班集体的过程中得心应手、游刃有余。

(四)教育转化后进生的能力

教育和转化后进生是班主任的一项重要工作。班主任教育和转化后进生时,应对学生进行细心的分析,然后因材施教,有针对性地加以教育和转化。曾经有一位班主任将学生大体分为五种基本个性类型,并据此设计出五种个别教育方案:听话型聚合鼓励促进步;冲动型启迪理智可制怒;表现型因势利导促提高;倔强型晓之以情融坚冰;低沉型唤醒自信促成功。我们不难看出该班主任在后进生的教育和转化上是何等用心良苦。当然,通过他的个案设计我们也得承认其具有较高的教育转化后进生能力。其实,"用心+能力"这正是班主任成功教育转化后进生必备的素养。

(五)协调能力

班主任是整个班级运转的中心,他的周围有学生,任课老师,学校领导和其他管理人员,还有家长和社会。如何较好地协调周围的各种关系也是班主任工作成败的关键因素之一。校内，班主任要协调建立同事间相互尊重、相互配合的工作关系，师生间相互尊重、教学相长的教学关系，学生间相互尊重、团结友爱的学习关系；校外，面对社会家庭，班主任要通过积极的家庭访问、调查研究，帮助有困难的学生协调建立家庭亲子关系与和谐的社会人际关系。

第三节　威信树立：班主任工作的难点克服

威信，意思是威望与信誉。一名优秀的班主任在学生心目中应该举足轻重，谆谆教导深入人心，在"民间"有口皆碑，总之就是要树立威信。

班主任树立在学生心目中的威信，不是一时半刻就能形成的，也不是某个"灵异"事件的闪现随之产生的。所谓"日久见人心"，是指一个人对另一个人不应该仅凭第一印象贯穿始终，而是应该在相处的过程中加深了解，经过岁月冲刷洗礼，这个人更加立体地展现在你面前，使你产生更清晰的认识，加深判断，才是最接近正确的判断或者说定位。老师和学生之间更是需要"日久见人心"，学生与老师相处时间相对较长，共同经历相对较多，可以去接触、体会、观察班主任的为人，一方面看班主任在日常平静生活中的样子，另一方面看班主任在处理学生纠纷矛盾时能否做到"一碗水端平"，不厚此薄彼，能否明察秋毫、一眼望穿，是否能够公平公正，是否具备化"腐朽"为神奇，化"悲痛"为力量的能力。这对班主任的个人能力提出了更高的要求。千万不能虚假、刻意地在学生面前立人设，违心营造自己的威信，为了营造而营造是不提倡的。

下面就我个人在实际工作中如何树立在学生心目中的威信和大家分享：

一、走进内心,树立威信

学生 H 在他很小的时候,父亲去世,母亲为了他辛苦工作努力赚钱,但也仅够温饱。他依稀记得父亲打鱼回来时,在夕阳下被很多蚊虫叮咬的背影,这印象饱含着对父亲的心疼和对现实的无奈,也依稀记得因为家里经济条件不好,亲友疏离,在父亲去世时那仅有的几个孤孤单单的花圈,在凛冽的寒风中孤独地矗立,这印象就像一根刺扎进他的心里,有疼痛有冰冷。妈妈每月的收入不是很高,给不了他富足的生活。他接触的人群中如他这般境遇的少年少之又少。等于一个孩童在不明白世界的时候,就明白孤单和拮据,明白人的冷漠。于是,在学校他的表现高冷、敏感、多疑,经常摆出"你别靠近我,我也不怕你"的架势,似乎在说:"休想欺负我",柔软的内心,坚硬的外壳。

一次,他和同学发生冲突,打得不可开交。两个同学慌慌张张来找我,急得不行,我不急不缓地挪动步子(因为学生告诉我,已经平息了而且没有受伤),怎么感觉踩不到地面,原来他们看我不着急,把他们急得两个人把我架了起来,我腾空了。来到班级,我说:"打完了吗,打完了就上课,散了散了。"同学们错愕地瞪大眼睛,他也同样。下课后,我了解了事情的前后,只因一个同学看他的眼神满是不屑,触动了他敏感的神经,他讨厌这样的眼神,于是就想打他,真就打了,另一个同学虽然比他高比他壮,但也被打了几下,好在有同学拦住了。当所有同学都等着看班主任如何大发雷霆,如何狠狠地责骂、惩罚的时候,我三言两语将混乱的场面归于平静,保证同学们接下来能正常上课,我不会轻易把学生中出现的问题定义为恶性事件,我也不想在没了解事情真相之前武断地下结论,吓唬学生。

放学之后,我把他留了下来,长谈之后,我们成了朋友。我直接问他的家庭成员情况，因为像学生打架这样的问题，是需要请家长到学校面谈的。他说只要不请家长怎么都行。我没有大声训斥他，而是用朋友一样的语气引导他，让他讲讲起因经过，还有不请家长来的原因。本来和同学老师都有对抗情绪的一个人，在我面前娓娓道来。我觉得他什么都明白什么都懂，就是不能控制自己。我当时让他当班长，是有私心的，从某种程度上我担心他惹事、闹事，我想借由班长这一身份限制他，约束他。他滔滔不绝地说自己如何不对，不管是班长的身份还是普通同学的身份，动手打人都是不对的，他应该如何改正，又怎么和对方道歉，今后应该怎么做。说实话，班主任该说的要处理的，他都想到了，而且表达得很清楚，一时间作为班主任的我都不知道说什么了。于是我遵从自己的内心，透过现象看本质。越是他回避的问题，越是我们班主任要解决的。我还是问他的家庭成员情况，并保证今天我所听到的，我会保密。信任是展开良好沟通的前提。于是在我耐心的追问下，他和盘托出，从小到大，于父母于自己，种种让他印象深刻的事情如同画卷一般，在我面前铺展开来，只不过多少带着悲情和哀叹。和同学的打架，也是因为同学的眼神让他看到了不屑和不尊重，触碰了他敏感的神经。于是，在这样成长背景下的孩子，遇到不尊重时，彻底失控，丧失理智，动手打人，用暴力发泄内心的不满。冷静过后，又讨厌那个不冷静的自己。

但我不能因为同情他的经历，理解他的心情而忽略他犯的错误，错误就是错误，班主任面对学生犯错，无论是什么类型的学生，都要先弄清楚对错。在他冷静下来之后，我表达了我对他过往的同情以及对他坚忍品格的认可，同时还鼓励他向前看，迎着光，并承诺我会保护他，给他安全感。回到解决问题上来，要求他必须为自己的错误道歉，如果不道歉，对同学来说是不公平的，因为一个眼神，因为自己的一个不正确的解读，引发的打架事件很恶劣。但我没有请家长，在学校"我就是你的家长"。他乖乖地回到班级，当众给同学道歉。多年以后，每每提到那次谈话和道歉，他自己都觉得不可思议，当时是什么力量驱使他走到班级，哪来的勇气当着同学们的面给那个同学道歉，因为从前的自己是不可能道歉的，更别说当着全班同学的面，长大后的他形容那次的道歉为"鬼使神差"，都不知道自己怎么走回班里的。

在这之后，我们像朋友一样。我心里的天平因为他的经历自然会倾向于他，学习上和生活上尽量多关注多关心，在尊重理解下给予他指导和帮助。我想威信是互相信任的力量；是一个老师设身处地地为学生着想的关怀；是老师处理问题一碗水端平的原则；是老师懂得倾听学生故事的善意；是尊重学生人格的美德；是主动走进学生内心的用情用心。

再之后，当他遇到问题他总会主动和我沟通，听取我的意见，有学生不服从管教，他也总是很维护我。

我在这个学生心中的威信，悄悄地树立起来了。

二、该出手时就出手，树立威信

L同学午睡，C同学收作业忘收L。C同学和我反馈差一本时，L同学大发雷霆说："你凭啥不收我的作业，对我有意见吗，我把作业放在这里了，你自己不会拿啊……"L的表情很难看，语言很愤怒。

事情并不大，说的话也不算恶毒，但语气和表情却非常凶。我鲜少当面呵斥一个人。此时的我，作为班主任，不能袖手旁观，三言两语，草草安抚，时间上也不允许我经过细致深入的调查再去处理。那个时候就需要快刀斩乱麻，当机立断！L的表现确实激怒我了，而C是一个老实得不能再老实的孩子，他的心理年龄相对低于同龄的孩子。事情先放一边，这时候的事明显是L欺负软柿子，C什么都没说。我没有多想，此时的班主任需要扮演一个保护学生的角色。

"课代表的工作很辛苦,你睡醒了就开始嚷嚷。C只是说少了一本,补上就好。现在选课走班收作业非常困难,我不允许再出现这样的行为!"我将我的愤怒一顿输出。

L愣住了,同学们也都看着我。"赶紧交!"L交了作业,C收了作业。其实我是了解L的,平时也是嘻嘻哈哈,为了解事情背后的原因,我将L叫到了教室外边。

"为什么戾气这么重? 一点小事。"

"老师,他对我有意见?"

"怎么回事? 具体说说。"

"之前收作业,有时候我没写就没交,再之后他不收我的作业了,他肯定对我有意见,这次他又不收我的作业,还和您说差一本,分明是找我麻烦和我过不去,我就火大。"

"原来是这样,你不交作业肯定是因为你没写完,之前如果你写完了,自然就交了。他后来不收你作业肯定是他的不对,我会批评他。但今天挑起事端的是你,你不该这样说C,你因为之前的矛盾没解决然后直接发火的举动,我不赞成,对他也不公平。下回你应该直接和他说,不要憋在心里。老师认为你不可能无缘无故的冲同学发火。每个人的表达方式不同,你应该真诚地和C道歉,你把他吓到了。"事情就这样顺利解决了。

这个案例是班主任日常工作千千万万件小事中的一件。我想表达的是,遇到突发事件,班主任必须立场鲜明,表达自己的态度,给学生以正确的指引。

三、解决突然事件,体现班主任魅力

让学生佩服,也是树立威信的一个重要环节。

良好的沟通在班主任树立威信的过程中发挥着重要的作用。班主任在日常工作中,要处理的问题很多,不能保证和班里每个同学都有足够的沟通时间。为了促进师生之间的交流,创造交流的机会,拉近师生之间的距离,走进学生的内心,捕捉学生的问题点,避免面对面沟通的尴尬,我开展了以下活动,和大家分享。

(一)班级周记

班级周记分为两部分,一部分用来记录班级一周的生活,另一部分用来记录每位同学一周的感触。

记录班级的部分,包括学习、纪律、一日常规、班级活动、班级举措,一周最深印象等,主要是班委轮流记录,给青春的班级留下一抹印记。要求真实有效,不搞虚假宣传,好就是好,不好就是不好。可表扬可批评。每周一进行一次分享,对上周进行总结的同时,对下周提出要求和希望。考验班委对班级工作是否投入热情,观察是否细致,是否有大局观,输出是否合理;考验同学品读班级周记后能否产生共鸣,能否对号入座,能否有则改之无则加勉。

实施班级周记的过程中也会遇到一些问题。例如,班级周记开始的时候,班委整理一周大小事情追求面面俱到,互相之间也比谁写的文字多,谁记得清楚,一来二去,班级周记成了流水账。于是召开班委会,内容如下:强调重点事情重点记录,拒绝流水账;强调每一周的事情不同,互相之间没有可比性;强调要有个性,不能千篇一律;强调班级周记的固定格式为,上一周好人好事,学习生活总结,下一周展望,三个固定环节保证班级周记的主调;鼓励同学们在此基础上创新,创新无上限;增加了班级周记审核环节,即一名班委记录,另一名班委审查,审查合格后方可在班级展示。

为了让更多的同学参与进来,不同视角地观察班里同学的行为活动,让更多的同学了解彼此的心声,班级周记的记录工作由之前的班委轮换变为按学号轮换,同学们以班级主人的身份参与进来,以身作则,也的确能给青春的我们留下青春的印记,若干年后,再回看自己写的周记时,除了青涩还有回忆在。

记录学生的部分,主要是学生有感而发,可以是一件感动的事情,学习心得,喜欢的诗等,每个同学性格特点不同,呈现出来的也不同,有的话多有的话少,有的正能量多一些,有的负能量多一些。周记里呈现的内容,绝对真实可靠,绝对让你大吃一惊,因为学生手写周记的过程,基本上完成了一次自我心理疏导,直达内心。通过学生周记,你能看到一个更加独特的学生。

在实施个人周记的过程中,也遇到学生抵触、敷衍了事的情况。这种时候,需要班主任耐心引导,有对策地进行解决。首先,我会认真答复他的话,甚至有时候我的评语是他写文字的好几倍,通过行动感化学生,教育学生,传递一种信念,班主任是在认认真真地做这件事,当然不是所有的教育靠感动就能行的。然后,我会找学生谈话,耐心引导,主要强调个人周记的意义,以及我对个人周记的要求,不是为了看多么华丽的文字,而是为了看真实的文字,不要当成作文写,也不要有压力,减轻学生的思想负担。其次,提出具体的字数要求,比如不能低于 100 字。提出具体的内容要求,比如写写烦恼等。最后,我会多关注不好好写周记的同学,在周末的时候跟他回忆一周以来好的表现和不好的行为,以此提供个人周记的素材。有的同学别出心裁,把个人周记设计成板报的形式;有的同学条理性特别强;有的同学大吐苦水;有的同学会画画;有的会赋诗一首;有的会打印小的卡通表情粘在周记上……

(二)班小二"每周五问"

利用班小二 App 之关爱成长的打卡环节,每周五会提出一个打卡问题,同学们直接在 App 上作答。App 还有送小红花和重做功能,富有趣味性。

问题的预设,多数以班主任为主,毕竟班主任想通过这一环节了解学生。在布置问题的时候,要给学生一个清晰的问题,有明确的要求,不要只有"老师"一个标题任学生自由发挥。那样学生很懵,交上来的作业也很"萌"。懵和"萌"在一起就是混乱,达不到教育的目的。我们要认真做事,通过"每周五问"这个环节,加深老师对学生的了解,促进师生之间良性的互动。后来,为了深入"敌人"内部,每周五问的话题也会找班委来提出,我发现,班委提出的问题同学们积极性更高,文字洋洋洒洒,很明显就是喜欢这样的问题,我仔细观察了一下,发现班委提出的问题大多和学习无关。基于此,我会将班委提出的问题,分批次穿插在我的问题之中。也能保证不同角度看问题,看学生。

(三)微信聊天群

针对学习困难的学生,我会建一个微信群,从学科的角度帮扶学生。这个微信群就像一个神秘组织,每个同学都有一个共同的任务,提高自己的数学成绩。这个群的对话纯知识性,不谈其他问题,只谈学习上的问题。为什么群聊的内容只是涉及学习呢,我是不想伤害学生的自尊心,有些事情心知肚明,就没必要摆在台面上说,给学生留面子。学习总是没错,有问题很正常,所以这个群没有使学生尴尬,反倒让他们很自然,很大方地问问题。

(四)私信一对一

有些同学比较内向,和老师沟通少之又少,所以我会主动与他们用微信聊天,不论是节假日还是平时,只要能找到话题,我就会和他们聊上两句,甚至很多时候只是两句,渐渐地你会发现,原来不太爱和老师沟通的学生,偶尔也会主动发个微信给你,节日问候或是报个平安。有人说"师生本是天敌,师生之间就是存在不可逾越的鸿沟"但我想说,师生关系虽然难以改变,但亦师亦友的关系是不是更好？师生之间的距离在哪，老师向前一步，距离就变小一点，学生向前一步，距离就变小一点。如果双方都原地不动，看似距离未变，实际上心与心的距离已经变得很远了，关系也变得冰冷了，真是"身未动，心已远"。

以上我说了四点沟通的方法，即面向全班，面向个人，面向一个小群体，面向个人中的个人，不存在班主任树立威信的话语，树立威信不是刻意的，是自然的。当我们为改善师生关系营造良好的沟通时，威信自然而然就树立起来了。威信树立起来之前，我们需要时间、事件、内容、机会等，甚至我们自己都不确定能否树立威信，但请相信，班主任的每一份付出都会有回报，不会被辜负。你要坚定只要多沟通，正确的、有目的、有指导，有鞭策地沟通，就会在学生心目中树立长远的威信。

四、树立威信之后的"注意事项"

班主任一定要说话算话，一定要让学生感到你把他放在心上。特别是答应学生的事情，一定不要忘了。举个例子，早晨小明说："老师，我中午要请假回家一趟，家里有事。"老师说："好的，大课间我把出门证带给你。"如果大课间这位老师带了，小明就会觉得这个老师言而有信，把他的事情当事情。如果这位老师忘了，即使中午没耽误学生出校门，也会给学生留下不好的印象。学生就是这样，有时候很小孩子气，特别注重这些小细节，而往往这些小细节，就能让学生特别暖，比老师多说多少话都管用，学生对老师也会特别认可。我想学生对老师的肯定，就说明这位老师已经在学生心中树立了威信。

同学的生日记心间。仪式感，越来越多的人重视仪式感。在学校过生日，不可能轰轰烈烈，占时过长，但也可以在较短的时间特殊的场合给学生以仪式感，让学生难忘。开学初，我会在日历上记住每个同学的名字。过生日当天，我会号召全班同学一起大声地对他说："祝你生日快乐！"也会在班级微信群带头发送祝福。这是我们能给予学生的仪式感，满满的祝福。

有的班主任温柔耐心，又负责，抓班级抓学生很有毅力，他的这种坚持默默地影响学生，也一样能在学生心中建立崇高的威信。

某班主任没来班级之前，教室里说话声不断。只要这位班主任到了班级门口，教室立马安静下来。年轻的时候，我会觉得这位班主任有威信，最后我会定义成这个班主任很厉害，威信等于威力。学生怕他，所以当他出现在班级门口，学生因为怕他，教室的一切戛然而止！如今，我不觉得学生怕老师就是这个老师有威信。我认为，真正有威信的老师，是他还没到班级，教室里到了需要安静的时间就已经安安静静了，甚至这位老师的到来学生们都没有察觉。我觉得这才是真正的威信，威信等于威望。威信是一个班主任平时对学生教育引导的体现，威信是一个老师高高大大的身影对学生长长久久的影响。

事实上，并不存在树立威信的万能公式供大家使用。我们只要在工作中，细心观察，专心去想，耐心去做，该出手时就出手，威信之花就会慢慢在学生心中生根、发芽、绽放。

第四节　比赛交流：班主任工作的检验标杆

班主任是一个重要的专业性岗位，班主任的基本功包括基本知识、基本能力和基本素养。班主任基本功比赛与班主任基本功两者之间是重点与一般、部分与整体的关系，班主任基本功比赛的内容包括基础理论知识、主题班会设计、教育故事演讲和模拟情景问答。班主任基本功比赛的开展，有助于改进班主任工作现状，强化班主任专业发展意识，拓展专业知识、增强专业能力、提升专业道德，促进班主任队伍建设，提高班主任专业化水平。

一、班主任是重要的专业性岗位

班主任基本功与教师基本功既有联系又有区别。基本功一般是指从事某项工作所必需具有的基本能力。教师基本功从传统意义上讲，一是学科专业技能之功。比如语文教师要能写得一手好字，说得一口标准普通话，即所谓的"三字一话"；二是对教材及知识本身的钻研之功；三是对班级、学生的"掌控"之功。上课时"掌控"课堂，带班时"掌控"班级。班主任基本功是从教师基本功中分化出来的，是教师专业能力在班级建设中的具体化。

"班主任岗位是具有较高素质和人格要求的重要专业性岗位。""在普遍要求全体教师都要努力承担育人工作的情况下，班主任的责任更重，要求更高。"应当说，班主任基本功与教师基本功在内涵上具有一些相同性，因为班主任首先是一名科任教师，教师基本功的要求对班主任来说都是适用的。然而，班主任的专业角色与教师的专业角色是有所不同的，他们除了和科任教师一样要完成好教学工作之外，还要履行班主任的职责，要对他所在班级学生的生活、学习、工作以及学生的素质和班集体形成与发展承担重要责任，要对学生和班集体进行教育和管理。因此，我们认为，班主任基本功是以教师基本功为基础，以专业化为取向，履行班主任职责与任务，必须具有建班育人要求的基本知识、基本技能和基本素养。基本技能和基本素养要以基本知识为基础，基本知识也只有转化为基本技能和基本素养才能发挥作用。据此，我们认为，班主任基本功的主要内容应包括以下几个方面：

（一）基本知识

教师的基本专业知识包括学科性知识，教育性知识，实践性知识。专业化的班主任需要有清醒的专业自觉,不能仅凭经验工作,除了作为一般科任教师所具备的基本专业知识外,还有特殊的要求。班主任的工作对象既是学生个体,又是班集体。因此,班主任一方面要具有学生个体的教育知识,如教育学、心理学、德育学等相关知识;另一方面也要具有班级集体的教育知识,如班级管理学、班级社会学、班级文化学、集体行为学等相关知识。

(二)基本能力

知识是沉睡的能力,能力是被激活的知识。知识只有转化为能力,才能发挥其潜在的作用。一个专业化的班主任在全面掌握基本专业知识的基础上,还要具备较强的专业能力,如深入了解和研究学生的能力、学生个别教育的能力、班集体组织与管理的能力、组织开展班队活动的能力、灵活机智的应变能力、与学生家长和班级科任教师的沟通协调能力、熟练地运用网络开展德育工作的能力以及较强的教育科研能力等。

(三)基本素养

班主任的基本素养主要体现在对待职业、对待学生、对待教育教学和对待自身发展等方面的基本理念和态度上。新时期的班主任要以现代教育理念和信念引领专业活动,指导班级管理,开展班级工作。班主任应当是一个重要的专业性岗位,是学生的主要精神关怀者,是全面关心学生发展的主任教师,是学生发展的"重要他人",是学生合法权益的保护者……班主任的基本素养主要表现为:具有先进教育理念、高尚师德修养、公平发展意识、民主法治观念等。

二、基本功比赛为专业成长搭建平台

班主任基本功比赛是促进班主任专业发展的重要举措,与班主任专业发展是相互联系、相互促进的,是一个问题的两个方面。班主任基本功比赛是手段，是以促进班主任专业发展为目的。班主任专业发展要以班主任基本功提高为基础，班主任基本功的提高必然促进班主任的专业发展。我们注意到，一些学者在论述班主任基本功时一般都涵盖了班主任专业化的内容和要求，所以两者是相互关联的，只是因论述的角度不同而异。

班主任基本功比赛采用"赛训一体、以赛促建"的方式，营造氛围，锤炼骨干，培育优秀，树立典型。通过基本功比赛，搭建班主任专业成长的平台，推动班主任专业化发展的进程，壮大优秀班主任的核心团队。因此，班主任基本功比赛是促进班主任专业发展的重要举措，对于改进班主任工作的生态环境，强化班主任专业发展意识，拓展专业知识，增强专业能力，提升专业道德，落实立德树人教育根本任务，促进班主任队伍建设具有重要意义。

（一）有助于增强班主任的职业幸福感

我国教育战线有数以百万计的班主任，他们是学校思想道德教育的骨干，是实施素质教育、教书育人、立德树人的重要力量。他们在长期的工作实践中积累了丰富的经验，大批优秀的班主任为促进学生的健康成长作出了重要贡献。

改革开放以来，党和政府高度重视班主任工作，相继出台一系列文件。如《中共中央、国务院关于进一步加强和改进未成年人思想道德建设的若干意见》中指出："要完善学校的班主任制度，高度重视班主任工作，选派思想素质好、业务水平高、奉献精神强的优秀教师担任班主任。"2006年6月，教育部颁布《关于进一步加强中小学班主任工作的意见》；2009年8月，教育部颁布《中小学班主任工作规定》，进一步明确了班主任的地位与作用，对班主任的配备与选聘、职责与任务、待遇与权利、培养与培训、考核与奖惩等都有了明确要求。这些文件的颁布，为班主任工作的开展和班主任队伍建设提供了有力的制度保障。但由于班主任工作的一些相关政策还不配套、措施还不到位、职称评定也没有序列,因此班主任工作还存在着"职责无边界,发展无阶梯,职业无生涯"等问题。这就使教师担任班主任缺乏成就感和幸福感,在实际工作中,有相当一部分教师不愿意当班主任。

而近年来开展的班主任基本功比赛,由各级教育行政部门组织,充分体现了政府部门对班主任工作重要性的高度认同,对班主任专业发展的高度重视。这对于长期在教育一线工作的班主任而言是巨大的鼓舞,具有重要的导向和激励作用。我们欣喜地看到,一些班主任在基本功比赛中脱颖而出,有的已成为当地班主任名师工作室的主持人,有的荣获了"全国优秀教师""全国中学优秀德育课教师""省优秀教育工作者"等称号,逐渐成长为当地的"名、特、优"教师。因此,班主任基本功比赛对改善班主任工作的生态环境、调动班主任的工作积极性、增强班主任的职业幸福感等方面具有重要意义。

(二)有助于提高班级管理水平

在实际工作中,影响班级管理水平的因素虽然很多,但班主任基本功是班集体建设的关键因素。班集体建设与管理是一项极其复杂、专业性很强的工作,不仅需要先进教育理念的"先导"和班主任人格力量的支撑,更需要班主任的教育智慧和专业基本功。学生要成为合格的人才,班集体要由"松散群体"朝着"成熟班集体"发展,班主任必须处理好班主任"教育主体"与学生"学习主体"的关系、"刚性管理"与"柔性管理"的关系以及"物化环境"与"心理环境"的关系。只有这样,学生的思想道德水平和班集体发展水平才能得到有效提升。

班主任基本功比赛注重考察对班级管理工作的实践反思与理性思考,注重运用现代教育思想和理念分析教育情境,讲述教育故事,思考成长体验。因此,在班主任基本功训练与比赛过程中,能促使班主任们静下心来反思自己的思想和态度,反思自己的行为和方法,反思自己的教育与管理。通过反思,能够让班主任更好地认识自己,更好地认识别人,更好地认识工作中的成功和不足,从而努力改进学生教育和班级管理的方式方法,有助于提高班级管理水平。

(三)有助于促进班主任专业成长

班主任专业化是教师专业化纵深发展的必然结果,是教师专业化的一个特殊方面;班主任在学生成长发展中的地位与作用日益受到人们的关注,班主任工作不再是"人人可为,人人能为"的呼声逐渐深入人心,社会对班主任的要求也越来越高,班主任的角色正在经历着由"副业"向"主业""职业"向"专业"的深刻转变。因此,现代班主任应当成为具有专门的职业理论、专门的职业道德、专门的职业技能的专业工作者。

为了做好参赛的准备工作,各地各校都分别组织开展班主任基本功训练与比赛活动,层层推进,全员参与,有力地促进了班主任队伍整体素质的提升。在班主任基本功训练与比赛过程中,班主任们努力学习德育与班主任工作的基础理论知识,研讨班集体建设与管理的方法和技巧,提升了教育理念与专业素养;在班主任基本功训练与比赛过程中,班主任之间加强相互学习交流,实现了资源共享、优势互补,共同成长。"一次次的经历,一次次的学习,一次次的磨砺点燃的是一个班主任前所未有的智慧和激情,坚定的是一个青年教师行走在育人道路上的执着和自信。"有的参赛班主任甚至感到"一次比赛胜过十次培训"。因此,班主任基本功比赛使班主任能够进一步认清自己的角色与使命,更有效地履行班主任的职责与任务,不断提高自身的专业化水平。

实践表明,班主任的专业发展既要有内在的驱动力,也要有外在的支撑力。班主任基本功比赛是一个重要平台,是一个有力抓手,是一种政策导向，是一项激励机制。我们既要利用好、维护好、发展好这一有效机制，同时也要在实践中不断总结，使其日臻完善，成为品牌项目，成为班主任专业发展的助推器。

三、班主任大赛经验分享

首先和大家谈谈我参赛的经历。为参赛，我重新梳理了带班理念，总结出四个关键词，尊重、理解、信任、帮助，并紧紧围绕这四个关键词，展开我的想法同时辅以过程性的材料。反反复复地修改，一字一句地斟酌，最终定稿。比赛的时候，中小幼分开进行，全程脱稿。选手们一个比一个潇洒，看不出过多的紧张，当然我是那个最潇洒的，因为积累所以自信。

PPT 一个比一个有记忆点，不知道的以为正在进行的是 PPT 制作大赛，相对而言，我的 PPT 很简单。

才艺展示，朗诵的居多，因为语文老师参赛得多，文笔又好，配乐诗朗诵信手拈来，但正因为大家都朗诵，没有新鲜感，声音太大震得耳朵生疼。有的老师唱歌《阳光总在风雨后》，背景是班级的照片。有的老师黄梅戏唱得非常好听。慢慢的你就发现他们脱离了比赛的初衷。因为我清晰地记得当时曹主任跟我们讲的时候说，才艺要是和本学科有关或者体现德育渗透的才艺。我的才艺博得满堂彩，我还记得张校长坐在观众席开心的笑脸。（我的才艺是读心术＋猜评委的手机号码）

答辩环节很紧张，所有人回答同一个问题，读题和答题我记得一共 5 分钟。在等候室等待，直至最后一个选手答完。一位选手紧张地读题准备就花了 4 分半钟，说了几句时间就到了。

整体来讲，比赛节奏很快，必须充分准备。下面给即将参赛和以后准备参赛的选手几点建议：

第一，注重平时的积累，成稿后找语文教师帮忙润色，多求教。我们总是这样，回首自己的带班之路，似乎什么痕迹都没留下，就因为平时不注重积累，很多过程性材料、好的案例都没记录，真正用的时候就两手空空。我的参赛稿件是在之前代表学校参加区首届班主任技能大赛写的稿，在那个基础上修改，那是个成稿，而且当时比赛薛主任告诉我，我的稿分值很高。但即便是成稿，我在准备的时候还是反复修改，我联系了做课题结识的天津师大李素敏教授，厚着脸皮请人家帮我看稿，她提了一些建议。除此之外，还请语文老师帮我看了看。建议大家多写实例，实例更说服人。

第二，要相信自己。真正比赛的时候，平时做得好的不如现场会说的，现场谁自信谁就最会说，当然自信的前提是要有充分的准备，烂熟于心。

第三，才艺展示不用发愁。我个人认为和观众互动性强的才艺更讨喜。我在表现才艺时碰巧和观众有互动，和评委有互动。

第四，答辩环节一定要审题清楚。问什么答什么，答到关键点上，注意时间分配。一是学习。通过比赛，看其他同仁的做法你会学到很多创新的方法和先进的理念，自己整个带班的思路会打开，会更开阔。二是梳理。借助比赛的机会，认真梳理自己的带班之路，深入思考自己班主任工作的过去、现在和未来，你喜欢的或是你追求的理想化的带班是什么？你该如何做？如何做得更好？三是看淡荣誉。不要有参赛必须获奖的心理，看淡荣誉，认真准备，认真比赛。

每个人的性格不同，处理问题的方式不同，带班的手法自然不同。每个班主任都是优秀的，每天忙忙碌碌的身影是我们最美的华彩，学习是为了更优秀，参赛是为了展示我们的优秀，得奖只是锦上添花，继续在工作中表现出色才会使我们更优秀。

要相信自己，坚定不移地走下去，沿着自己预设的带班之路，伴着自己的理想之光,自然生长,在某个路口,在某个转身,你一定会静静开放,那才是对自己最好的嘉奖,那才是真正的熠熠生辉。

四、班主任大赛经验分享示例

(一)最初的我

1.爱着急、爱发火,一进班看哪都不顺眼,每天都非常忙,有时候忙得饭都顾不上吃,身心俱疲,心情烦躁。

2.忙于带班、疏于备课,成绩下滑。

3.处理问题零散,毫无计划,更无预见。

4.总想加强管理,以绝后患,往往事与愿违,学生如胶皮糖,比较黏糊。

5.与家长沟通少,不知如何沟通。

6.爱听表扬,不爱听批评。

7.对学生过好。

8.不会借力,欠缺协调平衡任课教师的能力。

9.教育学生会有言语过失的现象。

(二)经过 18 年风雨洗礼,现在的我

1.心态变了,不会因繁琐的工作觉得烦躁,相反觉得它丰富了我的生活,让我的生活更充实更美好,能力得到了提高。

2.状态变了,更沉稳老练。没有十万火急的事情,不着急解决,想好了再解决也不迟,有条有理有章有法,一半火焰一半海水。

3.一定守住我的城池,把握我的课堂,备好课,抓学生成绩和抓班级管理两不误,不矛盾,相辅相成,抓成绩促进管理,抓管理提高成绩。

4.不同时期,同一事情不教科书式地解决,千万别一个办法,要多管齐下,目光长远,内外兼治,不是只处理表象的东西,要透过现象看本质,不是扫扫叶子就完事,要连根拔起。班级管理如同电脑系统升级,要不断更新理念,审时度势针对性管理,精准管理。

5.要有多学生几倍的耐心和毅力,要有会当凌绝顶,一览众山小的感觉。制定的措施要执行到底,宽容的同时也要持续监督,让学生不得不服,最后形成条件反射。

6.要"鞭打"家长,在思想上引领,在行动上监督,发挥家长和学校的作用,开好班主任会议。

7.不占理的话不说,拿不准的话不说,过头的话不说,没定下来的事情不说。要学会保护自己。

五、班主任要做到"三多""四有"

(一)三多——多听、多问、多想

多听听身边同事讲述的教育故事,怎么带班? 如何管学生? 也听听学生和家长的声音。要善于倾听,当然听完后也要自我分辨,选择性倾听,完善自己的工作。谦虚使人进步,骄傲使人落后。有事情拿不定主意的时候多问问师傅以及年级组长,老班主任。自己主动点没坏处,谁都不是万能的,有事情拿出来,大家一起想办法。别因为好面子而不问,别觉得怕麻烦而不问。教育是双向的,沟通也是双向的,在问和答的过程中,都在思考,也都在进步。带班不是空有一把力气,要想好这周要解决什么问题,怎样解决会好一些,有计划有目的地去做,那样效率高,效果好,有成就感。如果一段时间方法用尽,那就看看书,一些带班工具书上方法都可以借鉴。一个好的班主任,一定是智商情商双高的人,当然,没有人一开始就出类拔萃,都是靠一点点地积累反思,学出来的、走出来的。今天的你们,都很优秀,带得都很好,未来是你们的。自己的好经验要多总结,可以记在心里,也可以落在笔端。

要做四有好老师,有理想信念、有道德情操、有扎实学识、有仁爱之心。以上四有,也是我对成为一名优秀班主任的理解。

身为班主任,为国家培养出有血有肉的学生,是我们义不容辞的责任。我们是最闪亮、最光辉、有大爱的主任,我们肩上的担子很重,我们心中的天地很宽,我们的带班水平不仅代表个人,也代表年级、代表学校的整体水平。我们是学校冲锋在前的战士,我们的辛苦和付出,学校不会忘,有好的事情领导肯定会想着我们。我们是天津市第四十五中学的窗口,家长透过这扇窗看学校,社会透过这扇窗看老师。

第2章

井然有序：
未来班集体的建设与发展

参加工作十八年,做了十五年的班主任工作。从最初的懵懂无知,到如今的渐渐成熟。越来越觉得,带班如同过日子,只有和谐的家庭氛围才能拥有幸福,只有和谐的班级氛围才能实现师生共赢。在班级管理中要充分尊重学生的感情需要、人格独立和个性自由,从而营造一种良好的和谐的积极向上的班级氛围。回首自己的带班之路,始终追寻着一份和谐。一份班主任与学生之间,与家长之间,以及与任课老师之间的和谐。本节将结合笔者自己的经验,从班级文化、班级规划、多方参与等方面,具体阐述如何建设一个和谐的班集体。

第一节　班级文化:班级建设的重要环节

班级文化,不仅是班级成员共同营造的学习环境、学习氛围以及共同形成的集体规则与习惯,还有共同创造的精神文化。总的来说,班级文化是班主任和学生们"过去的足迹、现在的步伐、未来的方向"。在班级文化的形成过程中,班主任是引导者、策划者,学生是参与者、执行者。因此班主任要发挥智慧,积极带领学生构建良好的班级文化。

在学生的成长过程中,学校、班级、同学、老师发挥着重要的作用。同学、教师常常陪伴在他们身边,与他们共同成长,是他们岁月的见证者。学校,尤其是班级,是他们与同学、老师的生活共同体。学生在班级里,需要磨炼本领,修身养性,才能逐渐成长为社会所需要的人才,而班级文化在其中发挥着重要的作用。但由于受各种因素的影响,有的班主任对班级文化建设的价值取向出现了偏离,他们打造班级文化往往不是因为自身意识到班级文化的重要性,而是出于应付学校评价的要求。在这种情况下,他们打造出来的班级文化往往流于形式,比如仅在教室内挂上班训班规或张贴励志标语,既不去解读其内涵,也不去践行其要求,学生自然无法受到良好的熏陶。而理想的班级文化,应如滋养生命的春雨,在学生成长的过程中,润物细无声。教育应做的事,班主任要做的事,便是激起学生对生活的热爱、对知识的探索欲望、对班集体的归属感。而要做到这些,班级主任就要打造适合学生成长的班级文化。

一、精心布置,打造看得见的班级文化

何谓班级文化?从显性的角度来讲,班级文化应该是能够体现一个班级的发展目标、共同价值观、与集体追求的文字、图画等,也是一个班级成员共同学习、生活的环境。要想打造看得见的班级文化,教师就要引导学生发挥主观能动性,充分参与其中。

(一)当家作主,布"新家"、添氛围

一个班集体,除了学校安排的课桌椅、书柜等固有之物,还应该有一些属于自己的东西,才会有"家"的味道,才有利于营造出独特的文化氛围。那么,应如何给新的班级添置"新家具",将其布置成一个温馨的"家"呢?

　　还记得开学的第一周,教室里抬头可见雪白的墙壁,低头可见崭新发亮的课桌椅,后面是空空如也的书柜、置物柜。但笔者并不急着告诉学生布置,而是希望作为班级主人公的学生自己主动布置。看到别班的书柜已装满图书,有几位学生家长代表沉不住气了,跑来问笔者:"老师,我们书柜里放些什么书好呢? 你组织一下,我们召集家长,马上就可以安排。"笔者笑着说不着急,第二天,便有几个学生跑到笔者面前一脸羡慕又略着急地说:"老师,隔壁班的书柜有好多书,好漂亮啊! 他们已经开始看课外书了。""哦,是谁布置的呢?"笔者明知故问。"好像是他们班的家长。""学生自己的书柜,为什么要家长来布置呢?"学生们一脸茫然地看着笔者。笔者继续说道:"自己的班级自己动手布置,自己的书柜自己来放满,可以吗?"他们若有所思地点点头。"那放些什么书好呢?"他们似乎有些迫不及待了。"这得看你们想看什么书啊!"笔者没有给出参考答案。班级的布置应该是由学生自己做主的,教师只需要做一个引导者,在必要的时候指点一下。"好的,我们知道了,老师。"学生们开开心心地去准备了。

　　当天下午,有不少学生把家里平时看过的或还未看过的书带来教室整齐地放在书柜里,教室瞬间充满了书香气息。笔者看到自己的预期目标初步达成,心里顿感欣慰。"老师,我觉得还可以带些绿色盆栽来布置教室。"有的学生说道。"有意思,可是为何要带些绿色盆栽来呢?"笔者故意问。"绿色植物富有生命力,看着让人心情愉悦。"学生说道。其他学生也跟着点头,不断地附和着。于是,教室里就这样多了不少"新成员",有些学生甚至还带了种子来培养,几周后,泥土中开始冒出了小嫩芽,给教室增添了新的活力。看着由学生精心布置出来的有"家"的氛围的教室,笔者不禁感到骄傲。

二、用心经营，建设隐性的班级文化

班级文化，应该是一股促进生长的力量。一个班，应如一个家，让每一个学生身处其中都能感受到温暖，让每一个学生都能找到自己的存在感。班主任需要做的，就是努力让"家"里的每一个成员都悦纳自己，也能包容别人，学会把温暖带给别人，这样才能打造出有生命力的班级文化。

（一）抓住契机，教育学生互帮互助

教育需要爱，教育之爱，既要像缕缕阳光，在适当的时候温暖学生的心灵，也要像滴滴雨露，滋养出学生心底爱的种子——对集体的爱，对知识的爱，对生命的爱。班主任要抓住机会用爱教育学生，让爱在学生的心里悄然生长，使班级充满温情。

一个秋天的早晨，课间时候，班里有一位学生忍不住呕吐了，他的座位周围尽是他的呕吐物。班上其他学生顿时躁动起来，捏着鼻子，眼神里、话语里皆是嫌弃、责怪、嘲讽。笔者要带那位学生去医务室看看，于是安排几个学生处理一下呕吐物，结果他们都躲得远远的，不愿意帮忙。失望之际，笔者决定自己动手，这时小谭同学拿着垃圾铲和扫把走过来了，垃圾铲里还装有一些沙子。原来，事情发生之后，他就二话不说拿着垃圾铲去运动场的沙池里装沙子了。他小心翼翼地处理呕吐物，还用拖把把地面清洗了一遍又一遍，又把拖把洗干净了放回原位，才露出了如释重负的笑容……看着他，刚才嫌弃不肯帮忙的学生都沉默不语。此时，一缕阳光照进教室里，也照进笔者的心里，暖暖的。刚好下一节是笔者的课，笔者打算利用刚才的事给学生们进行一场"爱的教育"。在课上，笔者问："小谭，为什么你会愿意帮忙处理呕吐物？你不怕脏、不怕臭吗？""当时没想那么多，只想着呕吐的那个人已经不好受了，作为他的同学，能帮就帮，而且只是帮忙清理一下呕吐物,也没吃什么亏,帮助别人,为班级做点事情,自己也很快乐。"小谭乐观地说道。班上顿时响起了一阵热烈的掌声。"感谢小谭同学的无私与热心,在别人有困难时伸出援助之手,为你点赞,你是我们班的'爱心小天使'。老师希望,其他同学也能向小谭学习,在别人、在班级需要你时能挺身而出,因为你也会有需要别人帮助的时候。我们都需要朋友的关爱,需要班集体的温暖,让我们每个人都为这个班集体贡献一份爱与温暖吧,这样班集体也会回馈我们爱与温暖。"

也许是小谭的行为感动了他们,也许是笔者的一番话触动了他们,他们对"爱"与"善"有了深刻的认识。后来,班上涌现出了很多像小谭一样的"爱心小天使",还有一个个"勇敢小卫士""责任担当小能手"等。

在这个故事中,面对一些学生的冷漠与逃避,笔者并没有责怪他们,而是给他们时间,让他们沉浸在友爱互助的班级氛围中,从而慢慢觉醒,自我成长,学会把爱和温暖传递给身边的每一个人。教育,就应该是让学生不断自省、不断成长的过程。在班级文化建设中,当出现小问题时,班主任要持有一颗宽容与接纳之心,抓住教育的契机,引导学生向善,用爱带给学生一缕缕春风,使学生滋生出更多美好的品质来。教师若能唤起学生的恻隐之心,让学生保持对他人的善意,不论对谁都愿施以援手,这便是教育的成功。

(二)情感激励,增强班级凝聚力

一个团结向上的班集体要为了同一个目标而共同奋斗,在共同奋斗的过程中,树立起一种正确的荣誉观,从而增强凝聚力。

一年一度的校运会即将开始,而笔者刚接手的班级体育方面的表现不太好,体育老师希望笔者能找找办法,看能否有所改善。作为班主任,笔者应该选择相信学生。于是笔者鼓励学生说:"不管过去的成绩如何,今年肯定会不一样,因为有我在,也请大家相信自己,为我们这个班集体拼一回,好吗?"他们给了笔者一个斩钉截铁的肯定回答。为了充分鼓励他们,笔者坚持每节体育课都跟他们一起上,陪他们一起训练。但过程颇为曲折:学生训练接力时,老是有人掉棒,于是互相指责,互相埋怨,而不参加的学生也不去帮忙打气,常常一副事不关己的模样,满不在乎……对此,有的学生说:"放弃吧,反正都是倒数。"这让笔者很受打击,但心里一个强烈的声音告诉自己:"不,我不能半途而废,否则,学生就失去坚持的勇气了,再坚持、再努力一下。"坚定了信念后,笔者依然在学生面前表现得信心满满,鼓励他们说:"没关系,万一比赛时真有掉棒,那么下一位接棒的同学就要更加努力,把掉棒同学浪费的时间追回来。团体项目讲究的是团结协作,我们同在一个班集体,应该紧紧团结在一起。若是大家不改变现在的态度,那么我们不用比赛就已经输了,我们要相信自己。"

在笔者的不懈鼓励下,学生们渐渐恢复了斗志,带着一股信念与冲劲奋勇拼搏,在训练和比赛中,他们都团结友爱、互相包容、互相鼓励,笔者看到了不一样的班级,不一样的他们,似乎也看到了胜利在前方。最后,学生们在运动会中拿到了团体总分的第二名,刷新了以往的纪录,创造了属于自己的奇迹。在班会课上,笔者对他们说:"在我心里,我们班就是冠军,因为你们表现出了非常好的精神面貌,彰显出了良好的班级文化。"学生备受鼓舞,表现得更加积极上进、团结友爱,更加热爱这个班集体。

三、设计班会,营造班级文化氛围

(一)活动主题

妈妈,我爱你——母亲节主题班会。

(二)活动背景

百善孝为先,弘扬和传承中华民族的传统美德,是我们每个人义不容辞的责任。随着社会的发展,生活节奏不断加快,有些母亲与学生之间的沟通变少,在学生心中的角色淡化,更别谈孝顺母亲。经常听到家长和我说:"他和我一点也不亲,什么话都不和我说,他根本不理解我的累,我过生日什么的都不记得……"然而,在平凡的生活中,更多平凡的母亲每天默默地在为家庭儿女操劳奔波,他们像雪落无痕一样任劳任怨。如何改善和促进母亲与子女之间的关系? 如何润物无声地传达"孝"的内涵? 一直是藏于我内心的问题,在这样的背景下,开展了此次班会活动。

(三)活动目标

通过这次活动,引导学生更深地体会母亲的养育之恩、培育之情,铭记母亲为整个家庭做出的贡献,理解母亲的良苦用心,拉近母亲与孩子之间心和心的距离,触摸母亲与孩子内心最柔软的地方——浓浓的亲情。能够彼此体谅,彼此包容。由感恩母亲延伸到感恩世界。

(四)活动准备

1. 教师准备

邀请家长代表参加此次班会;召开班委会讨论班会的流程和具体环节;准备总结性发言。

2. 学生准备

主持人准备各个环节的衔接词;布置会场(桌椅的摆放,板报的设计,教室卫生等);每人准备一个信封,信封里是写给母亲的话。

(五)活动过程

1. 主持人开场。

2. 写给母亲的话——同学们装好的信封(五名学生发言)。

3. 母亲对我说——家长代表录的 VCR(含学生成长故事及殷切的期望,饱含暖暖的情意)。

4. 家长代表发言——学生的妈妈发言。

5. 学生代表献花——（全班大声说出"妈妈,我爱你"）。

6. 合唱《烛光里的妈妈》。

7. 班主任总结发言——用行动去孝顺母亲。

（六）活动纪实

主持人:有一个人,她永远占据你内心最柔软的地方,你愿用自己的一生去爱她。有一种爱,她让你肆意地索取、享用,却不要你任何的回报。这个人叫"母亲"。这种爱叫"母爱"。5 月 11 日是母亲节,是我们心中最难以忘却的日子。这个节日,是对母亲的赞美与颂扬,是提醒我们时刻记住:感恩我们的母亲。母亲将你带到这个世界上,随即你便有了生命,有了生存的寄托。随着年龄的增长,对于母亲的唠叨,也开始厌烦了。当你过生日时,她是多么激动、紧张,为你操办了一切,每年都不落下,总记得比你还清楚。而每当到了她的生日时,却从未见她大大操办过,只是依旧保持着那一脸的微笑,默默地接受你对她生日的淡忘与对她的漠不关心……

环节一:写给母亲的话(学生代表发言)。五名同学上台,在全班同学面前,说出对母亲想说的话,有感谢,也有对母亲的不理解。有思念,也有对母亲深深的愧疚。有回忆,也有对母亲的誓言。深情款款,娓娓道来。

环节二:母亲对我说。大屏幕播放,这五名同学妈妈发来的学生成长照片,母亲讲述每一张照片的成长故事,畅谈学生小时候,长大后,不同时期母亲的担心与欣慰,快乐与悲伤。

主持人:回想起成长道路上的种种片段:牙牙学语,背诗识字,生病时母亲对我的守护,上学前的叮咛,放学后的欢乐与忧愁;春日里的风筝和草地上的滚闹,夏日里的游泳,秋日里的郊游,冬日里灯下伴我读书。这一切的一切,都是母亲对我的爱所构成的温情。

环节三:家长代表发言。代表全班所有的妈妈,提希望,提要求。

环节四:学生代表献花。同学代表全班同学给妈妈献花,说出:"妈妈,我爱你",全班同学大声说出:"妈妈,我爱你。"

环节五:合唱《烛光里的妈妈》。

环节六:班主任总结发言。广告中曾播放小男孩为自己母亲洗脚的感人片段,可在现实生活中,是否每个儿女都能够做得到?"滴水之恩当以涌泉相报"我们或许有时会对一个陌生人的一点关怀念念不忘,却对母亲的大爱熟视无睹,嫌她唠叨,或因一些小事就大发雷霆……然而,母亲却永远在一旁默默地支持我们,耐心地开导教育我们,给予我们支持和鼓励。

在这温馨的日子里,祝全天下所有的母亲——母亲节快乐!一束康乃馨,一句"妈妈,我爱你"就能让母亲的脸颊重绽灿烂的笑容!让我们多给母亲一点体贴与关怀,用行动去孝顺母亲,让母亲和我们的家充盈着幸福与和谐。同学们,感恩吧,感恩母亲,感恩那些为我们默默付出的所有人,感恩世界,我们就迎来了真正的长大!

(七)活动思考

整个班会过程充满着感动,母亲被孩子感动,孩子被母亲感动,老师被浓浓的亲情感动,感动之余,我们是否每次都能解决家长与学生之间的问题,代沟或者矛盾,如何解决?如何寻求一种亲情和家庭教育的平衡?如何做好沟通?这也是摆在我们面前的问题。

四、班级联欢会建设,增强凝聚力

(一)活动内容

"虎虎生威高一十班小年夜联欢"活动。

(二)活动过程

这个小年夜是在同学们放假第 19 天,也是疫情在天津发生的第 19 天。

活动目标:构建有特点的班级名片;唤醒由于放假部分同学又习惯性产生的多方面的惰性;调动同学们参与班级活动的积极性;给同学们提供一次展示自我的机会;给同学们搭建一个互相欣赏的平台,提供一次交流的机会;教育学生,在面对疫情,在天津与疫情做抵抗的时候,作为未来中国的建设者,作为强国少年,应该如何行动。于是开展题为"虎虎生威高一十班小年夜联欢"的线上联欢活动。

1. 前期铺垫

第一步:活动于2022年1月15日在班级群发起,确定黄麟云同学为本次活动的主持人、导演,负责节目的收集,演出顺序的调配,软件的调试以及主持词的串联等。通知学生,于1月20日前把节目报给主持人。确定主题颜色为中国红,所有人必须体现红色元素,可以是服装、发饰、首饰等带一点红色。

第二步:1月19日与主持人沟通上报节目的内容,反馈为报了7首歌曲。询问了班长和会乐器的同学有没有报。考虑到班长要起模范带头正能量的作用,树立班长威信。乐器的加入会增添更多的形式内容。

第三步:1月19日晚上联系会表演乐器的同学、发言的同学、抗疫故事讲解的同学指定演出和发言主题,不参与具体的演出内容和发言内容,给学生充分的自由度和信任度。

第四步:1月20日确定节目顺序,为增加同学们的参与度,增强互动的趣味性,经班委群讨论新增两个游戏"你画我猜"和"谁是卧底",确定负责人。节目单经6次调整最终确定,宣传海报经5次调整完成。

第五步:1月24日班委会讨论小年夜联欢的时间和选择直播软件,经投票确定7:30准时开始,腾讯会议作为本场直播软件。

第六步:1月24日晚8点,腾讯会议试运行,直播讲解寒假作业疑难问题,为明天的直播做铺垫,烘托气氛兼试运行软件,同时也拉近了师生之间、学生之间的距离。同学之间由于放假而产生的疏离感消失,对明天的活动充满期待。

第七步:1月25日在家长群和去年高三12班班级群发布直播消息,诚邀家长和师哥师姐加入,为保持神秘性,节目单始终保密,对内对外均未发布。

第八步:1月25日晚7点30分"虎虎生威高一十班小年夜联欢"准时开始。开始前,主持人私信每个节目的节目顺序,要求准点准时切入,并随时保持通信畅通,随时等候主持人调配和调整。

2.活动总结

(1)优点

流程自然,节目精彩。联欢共15个节目,独唱4个,说唱2个,尤克里里弹唱1个,乐器表演3个,分别是口琴(现场)、电子琴(录播)、小提琴(现场)。学生代表发言2个人,主要总结四方面,个人成长,集体生活,师生和谐的瞬间、发送祝福。班主任最后总结发言。游戏两个,覆盖全班同学。讲述抗疫故事一个,选取的视频素材非常好。主持人黄麟云同学串联得好。特别是李明泽同学讲述抗疫故事的时候,说字正腔圆,一身正气,感染力极强,可以说非常震撼,具有很强的教育意义,同学们不禁发出"我骄傲我是天津人"的声音。

参与度高,气氛活跃。家长代表、师哥师姐代表、学校领导代表均有参与,在线的同学热情高涨,喜气洋洋,一片欢笑,对精彩的节目报以一阵阵赞赏,提高了演出同学的自信心,部分班委在同学心中的受喜爱度提高,这一刻大家发自内心的高兴,无关乎学习成绩的好坏,这一刻我们尽情享受快乐,分享快乐。

联欢结束后,班级群掀起互相赞赏的浪潮。班级群带头表扬今天参与演出的同学,发起"今晚谁最酷炫"的投票,确定马丞秀同学是最靓的仔,因为他独自承担任务较多。之后大家总结联欢的得失,并寄予更高的期望。感谢师哥丁宁、李瑜,师姐刘芳、张雨彤四位同学的参与,师哥师姐对节目表示了高度认可。联欢结束后,同学们都积极转发朋友圈,留念本次联欢活动。

(2)缺点

由于网络传送速度的问题,伴奏和声音之间会有延迟,影响了独唱同学现场呈现的效果。前期忽略了对节目时间的把控,好在赶在学生放假期间,时间上比较自由。

(3)反思

征求意见不要仅限于班委,可以使用问卷星让全班同学参与。直播软件可以事先试验几种。活动正式开始前可以有试音环节,类似于彩排一次。加大直播宣传力度,这样可以听到各方的声音,收集宝贵的意见和建议。联欢结束后可以增加一句话感受环节,让每个同学写50字的总结。

五、建设优秀班集体,增强班级自豪感

(一)高二2班三好班集体申报材料示例

"也争第一,也做唯一"是高二2班的班风口号。在学校幸福教育的引领下,2班的同学们在追求真善美的路上,快乐地行走。

1. 学习方面:思想上武装头脑,行动上大步向前

团委组织了"青年大学习"活动,同学们学完后积极讨论,关心国家大事,传播正能量。课上,认真专注是对课堂最好的注解,积极回答问题,师生配合默契,一场场精彩的公开课给听课的老师们留下了深刻的印象。每到

考试，总能看到 2 班的同学们，在年级名列前茅。

2. 体育方面：加强体育锻炼，增强学生体质

积极参加学校的体育课与体育训练。2019 年校运会上勇夺男子接力冠军。我班李洪展、李俊杰两位同学是校足球队成员，2019 年代表学校参加天津市足球联赛获得第一名，代表天津市参加全国青少年校园足球夏令营，远赴山东青岛训练 7 天。

3. 社团活动方面：朵朵鲜花，竞相开放

创客社团成员，于成龙同学于 2019 年获天津市电脑制作活动大赛一等奖，代表天津市前往山东参加全国电脑制作活动大赛获三等奖。合唱团成员，郭瑞雅等几名同学代表学校参加天津市文艺展演获一等奖。管乐团成员胡梦蕊等几名同学代表学校参加天津市文艺展演获一等奖。辩论社团成员张如玥同学，去年参与策划了天津市第三届"鹿鸣杯"中学生华语辩论公开赛。

4. 班级建设方面：花开疫散，向阳而生

第一，班委会发挥带头作用。分工明确，团体合作。每位班委按规章办事、按规则办事，能够独当一面。元旦联欢、班班唱等大型活动团体合作。

第二，有 2 班标签的活动，个个精彩：2 班好声音；状元之路；养花；生日海报；元旦联欢拉赞助；知识竞赛；话剧演出等。这些成为 2 班的品牌活动。同学们娱乐的同时，互相欣赏和赞美，德育之美在不知不觉中发了芽，渗透到每个学生的心房。

第三，积极参加学校组织的各项活动。班班唱活动，辩论赛等都留下了 2 班同学潇潇洒洒的身影。

第四，疫情期间，呼唤大爱。在疫情期间，2 班同学看到病毒无情地肆虐，发起了班级线上活动——"为武汉加油"；线上班会课；每晚 8 点李老师讲故事 15 期；母亲节为母亲洗脚等。

生活在继续,2 班的美好故事在不断上演,一幅幅画卷一个个篇章,都会成为学生美好的回忆,这个优秀的班集体在追求真善美的路上,一路高歌,继续努力!

(二)高三 12 班三好班集体申报材料示例

"2112 数一数二,鸿喜鸿喜必有惊喜"这句承载着美好愿景和自信奋进精神的口号,是高三 12 班在奔向高考、追逐梦想道路上的宣言。20 名同学年级语数外物地总分前 20 名,可以称之为精英中的精英。7 名女生意为"七仙女",13 名男生意为"十三太保"。十三太保在后人评说中更有"唐初有个李元霸,唐末有个李存孝,都是恨天无把,恨地无环"的美誉。意思是说天若有个把,他们能把天拉下来,地若有环,他们能把地提起来。我们是有仙气更有勇气的集体。

1. 思想

在思想上积极进步,认真完成学校团委布置的任务,其中杨智豪和李瑜两位同学认真参加团课,精神上受到洗礼,写入团申请书,各方面表现越来越好。班内掀起了关心国家大事,关注身边小事,力所能及做事的热潮。

2. 行动

同学们在行动上更是追求完美。

(1)学习

课上认真听讲,积极回答问题,下课也积极和老师讨论问题,自习课能够做到无声自习,非常自觉,用行动和成绩给高三的同学们做榜样。在刚刚结束的英语第一次高考中,程林芃同学取得 141 分;河东一模考试中,刘芳同学取得班级第一全校第三全区第六的好成绩,前 50 名占四席,实属难得;15 名同学高分段,20 名同学全部一本线上。

建班之初,我们制定了冲刺 700 的目标;教室里,梦想就在我们目光所及的地方,抬头是高山,低头是考海,高考是我们心中所爱,所爱隔山海,山海皆可平,能平山海的正是我们 12 班的雄心壮志。高三考试多,为了准确定位自己,把握自己,我们设计了成绩走势图,用来监督和鼓舞同学们勇往直前。百日誓师,程林芃同学代表发言,发出了我们 12 班乃至高三年级的最强音。

(2)体育

体育课上,有我们奔跑的身影。积极参加体育锻炼,在体测中成绩优异。

(3)生活

我们成长的每一步都离不开家长和老师的关爱。教师节和春节,我们会录制班级祝福视频,送去我们对老师的祝福,表达我们的感谢。高三年级每周只休息一天,但就是这一天我们也充满了热爱,写满了奋斗。班级发起了"起床的同学请举手"活动。我们会记得老师的生日,办一个神秘的生日会。我们的家长会关心我们老师的生活,总之我们相处融洽、生活愉快。

(4)疫情

疫情无情人有情,2020 年一场突如其来的新冠肺炎疫情打乱了我们的生活,祖国的强大深深影响着我们,我们利用假期时间每天发布中英文励志短语激励同学们上进,让自己变得强大以报效国家。我们一起学习民族英雄故事,鞭策自己担当强国责任。春节期间,我们组织了线上联欢,受到好评。我们更加关注心理健康,参观学校心理健康中心,向各年级传递正能量,愿所有的真情不被辜负,所有的付出都有收获。

高三 12 班,一个可颜可甜、努力阳光、励志团结的班集体,用朝气用热血书写我们青春的故事!

(三)高一(1)班三好班集体申报材料示例

坚持就是胜利,努力创造奇迹。班级是学生成长的摇篮,打造一个和谐、愉快、具有高度凝聚力和向心力的班集体,是每一位班主任义不容辞的责任。工作中,我始终以高度的事业心和强烈的责任感全身心地投入到教育教学工作中,被浓浓的师生情所感染和包围,同时也体会到无与伦比的快乐与幸福。经过我和学生的共同努力,我们高一(1)班形成了以"坚持就是胜利,努力创造奇迹"为奋斗目标的良好班风班貌,在德智体美劳等方面都取得了可喜的成绩。

1.德育为先、注重道德建设

有国才有家,才有安定的生存空间和学习环境。在德育工作中,要把爱国主义教育放在突出位置,使学生了解中华民族光辉历史和革命传统,了解现在从事的社会主义现代化建设是历史上最伟大的事业,培养他们的民族自尊心、自信心、自豪感和自强不息的奋斗精神,这是照亮学生纯洁心灵的明灯。为此,我班坚持进行爱国主义教育,定期开展交流与讨论,号召学生为灾区捐款,为灾区人民送祝福,关心灾后重建,关心国内外大事,使我班每一个学生都养成良好爱国思想,懂得尊老爱幼,孝顺父母,互帮互助,具有崇高的爱国热情。

2.发挥学生主动性,创造学生自我管理空间

(1)突出学生的主体地位,增强自我教育的积极性,主动性

教育活动中,教师是主导,学生是主体,学生是班集体的主人。因此我班在进行班集体建设时,充分发挥了学生的主体作用,为使学生"人人有事干,事事有人干",特别制订出本班的一系列活动计划,让学生享有明确的解决班级问题的权利。在班级中,有班委工作职责,有各科课代表的工作要求,有班级管理岗位制度,具体如平时各种费用的收缴负责人,英语、语文背诵小组组长的轮换制度,大扫除负责人轮换制度,家长会准备制度等。这一系列活动和要求,使每个学生都有担任班干部,为集体服务的体验。都能直

接参与班级的管理,班级内部各类学生干部及所有成员都要明确自己在建设班集体中的工作职责,这样全员参与,人人有事,人人有责,互相监督,互相管理,充分发挥学生的积极因素,增强学生的参与意识,责任意识。

（2）优化班委会队伍

一支优秀的班委会队伍堪比班级各项工作顺利开展的脊梁。因此,选拔班委会成员的工作,成为班级工作的重点。不同类型的学生适合不同的班委工作,不仅要选出班委,更要选出最适合的班委。在评选的过程中,采取毛遂自荐,学生票选,任课教师票选,学习成绩测评四结合的方法。班委上任后,有一个月的考察期。考察期内接受同学和老师的建议,最后打分,10分为满,6分以上继续留任,正式转正。开展班级工作前,写工作计划,学期末写工作总结。定期召开班委会。鼓励大家以班为家,享受工作开展的乐趣,满怀关爱而不是充满敌意地管理同学。付出同时必有收获。开展团队合作的游戏,增进班委之间的友谊。不断细化班委的具体工作,正确引导。经过一段时间的培养,形成了一支学习成绩优秀,组织管理能力强,心胸开阔的班委会队伍,在学生中威信极高,班级各项工作开展顺利。班委会成员主人翁意识强,为班级工作的顺利开展助力、给力。

（3）发挥榜样作用,教育学生关爱他人

古人云:"致天下之治者在人才,成天下之才者在教化,取教化者在师儒。"为了调动学生自我管理的意识,有意识地培养学生成为班内各种类型的标兵,使所有学生都有成为榜样的机会,从而充分发挥学生的内在潜能,使他们都能看到自己的闪光点,给我班带来了勃勃生机。如学习标兵吴静怡,始终保持年级前3名,为同学树立了榜样;学习标兵刘畅,坚韧不拔的学习态度深深地感染每位同学。突出进步标兵赵明远,从班级二十多名升至班级第2名;突出进步标兵张雯,进步后成绩稳定在班级前十;体育标兵陈丽雯,参加校运动会获一百米,二百米亚军;胡宇晨、孔艺璇分获校运动会跳高冠亚军;李浩松加入学校篮球队,代表学校参加市级比赛获得第二名;文艺标兵孔艺璇带领本班5名同学参加学校文艺展演获得好评,本学期代表学校参加区里比赛;张彤、李元照、谢雨呈三名同学参加校合唱团,7月份代表学校赴香港参加2011年世界青少年合唱节。

当学生取得好成绩的时候,教育学生时刻保持清醒冷静的头脑,要正确看待荣誉,要体会快乐,更要传递快乐。要关爱身边的同学,鼓励和帮助身边的同学一起进步,一起优秀。实践证明,榜样的作用是无穷的,同学们摩拳擦掌,跃跃欲试。

3.促成绩,推动班级发展

(1)建立激励机制,明确学习目标

思想是一切行动的指南,思想教育到位,学生的学习才会有进步。为此,我班把"把握人生,追逐梦想"作为座右铭,同时向学生介绍高考状元的故事,组织学生收看《鲁豫有约——高考状元谈》,《我的故事以及背后的中国梦》白岩松耶鲁大学演讲,了解邓亚萍的传奇故事,每次都要求他们说自己的感想感受,以此勉励他们的学习意志。另外,我还教育学生在学习上要讲究方法,总结经验,而且定期组织班里的优秀生和进步生介绍自己的学习方法,使其他同学能从他们身上学到适合自己的方式方法。同时,为增强学习气氛,我在班里设立了学习奖励制度,集中背诵制度,课代表轮换制度,每周自我分析自我立志的一封信制度,课代表每天讲一道题的制度,并建立了"一帮一"学习小组,即鼓励一名优秀生帮助一名学生,使全体同学心往一处想,劲往一处使,学习上有了明显的改变,期中期末考试与学年度学业水平测试成绩良好。

(2)抓后进,促先进,以爱融其心

班级是一个学生集体,在任何时候都有先进,中间与相对落后之分。教育和转化"学困生"是教书育人工作中非常重要的课题。关心爱护每一个学生，讲求育人艺术的实效，用自己的心血去浇灌每一个学生"人"字的框架。追求班级管理的和谐、平等、互动、给学生的终身发展厚实的平台，是我在教书育人中总结出的原则。我班的尤树桐、熊小冬两位同学，学习成绩较差，上课又不认真听讲，为了树立他们的学习信心，我数次与他们谈心，谈到他们的将来，谈到他们的理想，以此来鼓励他们努力学习。不仅关心他们的学习，同时也关心他们的生活，让他们感受到老师发自内心的关心与帮助，最主要的是让他们能够感受到我的那份尊重与期望。为了得到家长的配合，我多次与家长联系，与家长长谈，想办法，进一步地了解关心其在家的学习生活，家长也被我的真心感动，表示愿意配合老师做好工作。通过我耐心细致的劝解，这两位同学学习上终于有了明显的转变，态度端正，目标明确。

（3）以纪律作保证，促进学习质量的不断提高

良好的学习必须有良好的纪律作保证，才能成功。记得刚入学时，上课的铃声对班内的学生并无作用。上课时，老师在是一个样，不在又是一个样，为此，我班经常召开主题班会，纪律专题会，及时处理和解决学生在纪律方面存在的问题，抓典型，树典型，并耐心地给他们讲严格的纪律性对于一个人成才的重要性，渐渐地他们能够自觉地约束自己，约束他人，使全体学生能够在一个和谐愉快的氛围中学习和生活，学期末，每个人的学习成绩都有了不同程度的提高。

4.加强体育建设，增强班级凝聚力

素质教育的基本要求是培养德、智、体、美、劳诸方面全面发展的一代新人。因此，加强体育建设，培养健康体质，也是学校教育中不容忽视的目标。为此，我班学生每天坚持体育锻炼，认真上好课间操，并积极参加学校组织的一些竞技性的比赛，2009年，我班在学校组织的秋季运动会中获校第五

名。第一次取得成绩,学生的体质不但得到增强,班级的士气更是得到了提高。

回顾过去,团结的思想让我们有能力在各项活动中做得更好,奋进的精神令我们看到自己有潜力更上一层楼,光荣的成绩激发我们的斗志——我班同学都决心继续沿着团结奋进的轨迹演绎我们的精彩人生,以激昂的斗志迎接新的挑战。

(四)高一十班优秀班集体申报

"勇敢十班,不怕困难",这句洋溢着我班青春色彩的口号,是高一十班全体同学心中的青春宣言。我班同学在2021—2022学年度的学习生活中开阔了视野,已然不再是一群懵懂轻狂的少年,褪去了稚气的我们正逐步走向成熟,走向追梦的征程。

1. 学习

十班的全体同学平日课上认真听讲,积极回答问题,下课也积极和老师讨论问题,自习课能够做到无声自习,自觉用行动和成绩给高一的同学们做好了榜样。在每日的晨检时间,大家着重进行重点文言文语段背诵和英文的自我介绍展示活动,其他的碎片时间,大家也见缝插针地进行各科目的性复习练习。作为入校成绩最高的两个班级之一,多次考试中多门科目平均分均遥遥领先,在全年级乃至全区都名列前茅。其中王景仪同学在河东区统考中获全校第一,全区第三;李明泽同学获英语全校第一。

2. 体育

十班同学热爱体育锻炼,在体育课上总能看到十班同学在操场上积极奔跑锻炼的身影。王子维同学作为学校篮球队主力训练刻苦,表现优异。

3. 荣誉

在"飞扬的青春"班级合唱比赛中,十班同学用优异的表现征服了全场观众,不负众望获得了一等奖;在庆祝中华人民共和国成立72周年"创建文明校园"班级板报设计大赛中我班获二等奖。樊晓晶同学本学年被评为市级优秀学生。

4. 文体活动

十班同学自发组织了"虎虎生威"小年夜的春晚,由黄麟云同学主持,全班所有同学参与其中,精彩绝伦;声入人心的"十班好声音",利用班会课的时间,同学们积极参与,选出心目中班里的"歌神";一起观看北京冬奥赏心悦目的开幕式;还有一次次充满十班特色的班会,同学们为东航坠机默哀,为神舟十三号的胜利归来欢呼雀跃,在活动中我们不仅收获了欢乐,还增强了班级凝聚力。

在2月6日,李老师组织全班同学全程观看女足亚洲杯逆转绝杀的比赛,每位同学都发表了自己的感想,大家都对女足精神感到由衷的钦佩。

个人活动中,张佳童同学为我班设计了班旗,我班杨雅雯等多名同学报名了"21世纪杯"英语演讲大会,正在积极备赛准备。本学年第一学期,我班李明泽等多位同学还在创客中心展示着自己的青春风采。

5. 抗击疫情

家长自发为班级补充防疫物资,如酒精湿巾等消毒用品。我班杨雅琪,纪韵韬,武鸿羽,张佳艺,王铎凯,张喻雯六位同学就近在各自居住地所在社区参加抗疫志愿服务,为祖国为家乡抗击疫情做出了自己的贡献。

高一十班不仅注重学科知识的学习,更重视德智体美劳全面发展。我们凭借着超凡的凝聚力和同学们强烈的归属感,在成长的道路上取得一个又一个胜利,这强大的凝聚力是我们前进之源,是我们的成功之基,更是我们的强大之本。勇敢十班,不怕困难。我们将继续用朝气用热血书写我们青春的故事!

第二节 班级规划:班级建设的基本要求

合理的班级规划对整个班级的发展有着非常重要的作用,一方面能对班级现状进行深入透彻的分析,另一方面能有计划并准确地开展班级工作。德育活动一直伴随着我们的校园生活,它可以增进同学们彼此之间的了解,可以渗透班主任育人理念和育人思想。筹划开展比较有特色的班级活动,可以起到不同的教育作用,给同学们的青春留下美丽的色彩。本节笔者将从自己为班级建设发展规划的经历入手,简述班级发展规划的规划原则,并举例说明,如何做一个比较好的班级发展规划。

一、建设班级发展规划的原则

(一)形成整体性思维,发展目标清晰,有方向

整体综合性思维,即能够在整体与部分的联系中认识部分和整体。体现在以下三个方面:

1. 整体把握好规划要素

一般建设方案包含指导思想、班级情况分析、班级建设目标、建设内容与举措、预设效果等,即为什么要进行此规划,目标是什么,如何达成目标,预计效果怎么样。唯有把握好要素之间的逻辑,才能制定出科学、有逻辑、有特色、有实操性的班级规划。

2. 综合分析目标制定依据

班主任需要制定班级三年发展规划,在规划时首先要进行背景综合分析。笔者将其归纳为天时地利人和。从学生现状、学生梦想的角度思考,如何激发学生成长的动力,考虑高考的要求,结合学校办学目标和结合国家人

才培养目标可持续发展,进行适切的教育。

3.兼顾好目标的维度

兼顾学生德智体美劳的全面发展,制作规划,不能只强调"学习成绩"。

(二)形成关系性思维,建设内容有序有料

班主任是沟通学校与家庭、社会的桥梁,是各科教师的协调者。有效整合各种教育资源,提高教育效果,需要班主任形成关系性思维。关系性思维,要考察各种因素之间的内在关联和相互作用,在对立中看到统一,在分离中看到渗透,才能让建设内容有逻辑、有层次,丰富多彩。可从"巧借力、拓时空、成序列"三方面进行突破。

1.巧借力,有效整合教育力量

选择具有专业性、权威性、多样化的力量,校园内外,家长、社区、的教育资源。例如为达到打造和谐亲子关系的目的,我们开展亲子班会,安排感恩教育的活动,组织相关主题班会,制作亲情礼物,进行家长和学生角色互换体验等。

2.拓时空,扩展教育的时间和空间

教育的第一现场可以是校园内的班级、宿舍及其他校内活动空间,可以是校外的家庭、社区及各个研学场所,还可以将线上线下网络实体相结合。

3.成序列,基于学年阶段性目标,落实"五育并举"的要求

需涵盖"德、智、体、美、劳"五方面,进行有逻辑性、有层次性、有针对性的内容规划,根据年级阶段特点,有所侧重。

(三)形成生成性思维,活动实施过程有趣有效

1.活动体验,教育资源生成

传统型的说教模式,教师说教,学生听,这一"知行脱节"的低效德育模式需要突破。笔者在三年班级发展规划和实践中采用活动体验型德育模

式,制订明确的教育目标后开展各项活动,在学生管理、班级建设中发现学生有价值的东西、有创造性的行为,生成新的德育目标。活动体验型德育目标采用形式生动、富有教育意义的体验型活动,以活动为载体,以体验感悟为中介,以促进品德自我建构为目的。活动体验型的德育模式,根据"活动—体验—感悟—升华"的品德形成规律,以学生为主体,体现以人为本的教育理念,通过环环相扣的活动体验,巧妙地让学生积极主动地参与到德育活动中来,进行品德的自我构建,从而提高德育的高效性和深刻性,促进学生健康快乐成长。

2. 聚焦成长,主题动态生成

俗话说,计划赶不上变化,我们在规划中要根据主题生成适时调整。例如,在 2020 年,面对突如其来的疫情,针对学生自制力较弱、情绪不稳定、缺乏责任感、亲子关系紧张等问题,我们化疫情危机为契机,开展了一系列活动,进行动态调整。

二、班级三年发展规划示例

(一)指导思想

习近平总书记在全国教育大会上指出:"要把立德树人融入思想道德教育、文化知识教育、社会实践教育各环节,贯穿基础教育、职业教育、高等教育各领域,学科体系、教学体系、教材体系、管理体系要围绕这个目标来设计,教师要围绕这个目标来教,学生要围绕这个目标来学。凡是不利于实现这个目标的做法都要坚决改过来。"《中共中央、国务院关于深化教育教学改革全面提高义务教育质量的意见》提出:"坚持立德树人,着力培养担当民族复兴大任的时代新人;坚持'五育'并举,全面发展素质教育;强化课堂主阵地作用,切实提高课堂教学质量;按照'四有好老师'标准,建设高素质专业化教师队伍。"

（二）班级现状分析

1. 班级基本情况

学段:高三年级。总数:20名学生。男女生比例:13∶7。生源类型:均为本市学生、河东区的学生占大多数。

2. 班级优劣势分析

（1）班级优势

总数少。日常管理以及监督、开展课上课下活动,目标更显而易见。

"定二走一。"班级学生均为6选3科目定二走一的学生,即有2科完全相同,物理地理固定,只有1科不同需要走班。相对于大走班来说,学生的学习状态更容易保持和调整。

成绩好。20名学生是通过选拔才进到这个班,不单单是因为选择了物理地理,他们是高三年级中语数外物地总分前20名。

学习习惯好。学习态度端正,目标明确。

（2）班级劣势

思想包袱重、对自我的要求过高。因为每个人都是经过层层选拔才进到这个班,可以说是万众瞩目,每个人都背负着高考分数上高分段的压力,同时肩负着考上名校的压力。在日常学习中,对自我的要求过高,不满意的时候远远多于自我肯定的时候,总觉得成绩不理想,特别是别的班级学生成绩高于自己的时候,心理承受能力很脆弱。

语数外三科成绩没有达到顶尖。在6选3根据比例赋分制度的今天,语数外的成绩不存在任何侥幸,是实打实的分数。对于这20位想考名校的学生来说,语数外的每一分更显得尤为重要。语数外的成绩良好和顶尖是完全两个概念,成绩达到顶尖,是很困难的。目前来看,他们的语数外三科成绩没有达到顶尖的水平。所以,高三上学期势必会分给语数外更多的时间,而高三想要提高语数外的成绩会很难,这些时间也是非常消耗精力的。

少有学生有中考拔尖的经历。大考如同大赛,特别考验人和锻炼人。经历过中考洗礼的人,特别是在中考中取得突出成绩的学生,他的参考经验是非常宝贵的。这个经验或者说能力在高考中更为闪光。而这个班只有一位学生中考成绩够“三所”的分数,其他同学的中考成绩属于中上水平。潜质有待挖掘。

沉迷学习、无法自拔,与老师缺少沟通。学习应该是双向的,不是老师单向地供给,也不是学生一味吸收。师生互动才是教学相长的翅膀。班级学生虽是争分夺秒地学习,但其实更多的是重复性劳动,与老师沟通少之又少,课堂安静得掉一根针的声音都能听见,没有给老师很好的反馈,知识上和情感上与老师沟通的少之又少。条条大路通高考,通向高考的路有近有远。班里同学只顾低头赶路,不知抬头看路,更不会问路,可想而知,相同的时间奔赴终点,谁的方法更科学,谁的路标更精准,谁会更快更好。

(3)班级潜力

拥有共同的目标。在如今浮躁不安的学习环境下,还能做到踏实学习,实属难得。支撑他们的是共同的目标。同学们共同营造良好学习环境,维护良好的学习氛围。有了目标就有了动力,有了共同目标就有了共同的动力。

具备突破弱势学科的能力。虽然每个人都有薄弱学科,但比较而言,20名学生学习习惯更好、理解能力更强,如果集中时间突破某一学科,还是要好于20名以后的同学,还是具有非常大的潜力的。

严格自律。这种严格自律体现在方方面面。例如,学习态度端正,上课认真听讲,下课也努力学习,经常出现课间10分钟,20人在班级无声自习;

作业质量高,作业中体现个人的思考和更多仔细作答的痕迹;上课纪律好;六日或假期能按时起床学习等。

个人能力突出。基础知识掌握得好,智商永远在线,对新知识的吸收较快,老师布置的任务能够坚持下来且很好地执行,能够深入思考,有自己的想法,个人的综合能力较强。

3.班级学生特点分析

第一,思想上比较成熟,对自己比较了解,定位精准,要求进步,能够全身心投入学习。

第二,品行端正,行为习惯较好,遵守学校的各项规章制度,对事物的判断,社会问题的探讨,充满正能量,积极情绪较多,消极情绪较少。

第三,部分同学心理压力大,会出现考试紧张的现象,但都在可控范围之内。除此之外,没有心理方面问题严重的学生。

(三)班级发展目标

1.班级总体发展目标

(1)构建怎样的班级

以人为本,构建和谐的班级管理模式。从最初的懵懂无知,到如今的渐渐成熟。越来越觉得,带班如同过日子,只有和谐的家庭氛围才能拥有幸福,只有和谐的班级氛围才能实现师生共赢。回首自己的带班之路,始终追寻着一份和谐。一份班主任与学生之间,班主任与家长之间,以及班主任与任课教师之间的和谐。

(2)培育怎样的学生

培育有仁爱之心,有阳光之心,有上进之心,有荣辱之心的有心人。

2.年度发展目标

第一,促进班级的融合,增进学生之间、学生和老师之间、家长和老师之间的了解,形成班级"比、学、赶、帮、超"的学习氛围,建立师生之间的信任,做好心理疏导,引导学生深刻理解学习和生活的意义。在一次一次的考试中,跌倒爬起,正确面对成功和失败,坐在高考考场的那一天充满自信,心态阳光,取得好成绩。

第二,面对新接的班级,能够最短的时间了解学生,抓住每个人的特点,实现平等对话。让一些有潜力的孩子学习上有更大的动力,活动中发挥更大的作用,迅速成长。让更多的学生能够逐步适应高中生活,正确面对6选3科目的选择。班级氛围融洽,每个学生有强烈的集体荣誉感,同时有无上光荣的爱国主义情感。

第三,在历经一年的高中生活后,再次回到校园,同学们对自己有新的认识,对学习有新的想法和行动。能够不走弯路,不走错路地学习,更加积极地面对自己的一切,思想上有信念感、有使命感,综合能力有显著提升。在学校组织的各项活动中,学生们的参与度高,对学校的认可度高,对老师有感恩之心。平时学习较高一的时候更有想法,执行力更强,为高三打下牢固的基础。班级氛围融洽、积极向上。

(四)班级发展指导思想

时代在进步,社会在发展。教育环境和人文素养都发生很大变化。面对越来越成熟的自己,面对新时代的学生,要想实现班级更好地发展,必须跟上万千变化的脚步。努力地提升自己各方面的知识,多学习多思考,接受新鲜事物,让自己更专业。班级管理模式拒绝一成不变,要随势而变,随学情而变。师生相处模式拒绝高高在上,要实现真正的平等对话。在师生之间互相信任的基础上,实现班级更好的发展。

(五)班级发展遵循的原则

尊重、理解、信任、帮助是班级发展遵循的原则。尊重会让人心情愉悦呼吸平顺。理解会照亮前进的方向。信任是开启心扉的钥匙。帮助是互帮互助。重视"情感投资"，以情感人，立德树人，有利于学生接受老师的教育，有利于学生自主、自律及民主参与意识的增强。

（六）班级发展实施计划

1.第一学年

（1）第一学期

班级管理体制建设：通过活动，考验学生的个人能力和是否具有奉献精神，确定班委会人选。

班风学风建设：抓住初中升高中的第一学期，学生对高中生活存在向往和追求的契机，在各方面树立榜样，发现身边更优秀的同学，增强学生的上进心。

班级文化建设：通过微信群，给学生发送有意义的图片和鼓励的文字；通过班级宣传栏的设计，向学生渗透正确的价值观。

家校共育建设：通过家委会，和家长有更好的沟通，定期对家长进行培训，让家长学校发挥真正的作用。

（2）第二学期

班级管理体制建设：逐步完善班级各项规章制度。让学生在班级生活中，有章可循。

班风学风建设：把控好因为学生的发展带来的班级学风的变化，对思想和行动上惰性太强的学生，重点叮嘱。让向上之风更强，向下之风更弱。

班级文化建设：张贴奖状，平时表现突出的学生各方面成绩的宣传，以及日常节气所对应的氛围营造。

班干部管理：培养班干部，不仅爱干，同时会干。在一次一次的工作中，实现自我的提升，增强班干部的自信心，树立班干部的威信。

2. 第二学年

(1)第一学期

班级管理体制建设:面对选课走班模式下新成立的班级,本着一碗水端平的原则,拒绝先入为主。忘掉过去学生表现不好的一面,重新开始。公平地对待每一个新的老同学,和每一个从高一其他班进入这个集体的新同学。

班风学风建设:促进班级学生之间更好地融合,摈弃高一时候不在一个班,不够亲近的想法。多创造学生之间相互了解的机会,形成和谐的班级氛围。

班干部管理:班干部的选拔,要兼顾高一来自不同班级的学生,一方面便于更好地了解学生,另一方面也便于顺利开展工作。

家校共育建设:多和家长沟通,特别是要多与不熟悉的学生和表现异常的学生家长多沟通。

(2)第二学期

班干部管理:多给班委表现的机会,锻炼的机会,树立班委在同学中的威信。多给班委独自工作独自完成任务的机会,边指导、边呵护、边总结,做一个好的幕后支持班委工作的老师。

班风学风建设:通过学习上的比拼,让班级的学风更浓;通过学习榜样的树立,让同学们找到标杆。

3. 第三学年

(1)第一学期

班干部管理:基于高二年级的培养,高三的班委会发挥更大的作用,更独立;面对高三的班级管理,更有智慧。要多创造团队协作的机会,分担任务,高效完成的同时也减轻班委的压力。

班风学风建设:营造轻松活泼,阳光进取的学习风气,不要因为高三而失去了我们原本的活力；也不能因为高三而变得眼中只有自己，苛责自己；尽量杜绝心理问题的产生，减少心理问题的出现。

家校共育建设：请家长走进学校，和老师面对面，和学生的生活面对面。了解学生的学习状态和生活状态，和各科目老师多沟通，了解孩子的在校情况，听取老师们的意见，配合学校的工作。

（2）第二学期

班风学风建设：面对即将到来的高考，营造踏实走好每一步的班级学风。多与学生沟通，发现问题及时解决。多鼓励学生，做学生的保护伞、避风港、加油站，形成自信的班风学风。张贴和高考有关的标语，分享励志小故事，每天喊口号为自己鼓劲等活动，形成坚韧不拔、勇攀高峰、战胜自我的班风学风。

（七）保证措施

第一，积极参加区校组织的班主任学习活动。

第二，多读书，提升专业素质。

第三，多积累，带班过程中的典型案例要积累下来。

第四，通过名班主任工作室，开展班主任交流活动，案例分析和经验分享活动。

第三节　学生为先：班级建设的重要方法

高中生独立意识逐渐增强，在班级群体生活中渴望平等和自主的管理方式，班规作为学生进行班级管理的制度依据，成为学生民主参与班级管理的重要突破口。然而，在传统的班级管理模式中，教师的权威占据着压倒性优势，高中生的想法难以自由表达，参与班规建设的热情不够高。为改善这一基本现状，本节以高中班规为出发点，致力于建立一套合理有效、师生乐于接受的班规建设体系，围绕学生需求，真正建立以学生为中心的班集体。

一、班规的内涵

班规即班级规范，主要用来统一学生思想，约束学生行为。具体要求没有一个统一的标准，因班风而定，因导向而定，甚至有时候因制定者而定。班规的具体内容包括道德层面的要求，行为习惯的要求，特殊情况的说明等。一般先提要求再说奖惩措施。

二、班规的作用

班规可以给班级同学一个道德和行为的标准，可以将班级重点工作明示给同学，可以以此为班级规章制度或考核标准，给学生明确的奋斗方向。

三、班规的制定和使用的注意事项

（一）班规的内容宜精不宜多

一个规定的制定是有其理想化的成分的，我们有的班主任恨不得把所有的条条框框都加进去，期望学生可能出现的问题都可以在班规中找到，视班规为"法规"，这是大错特错的。我们制定班规是希望引起同学们对重点内容的重视、记住、领悟并执行。如果条条框框过多，内容过密，重点不突出，学生记忆起来就困难，印象不深，更别谈什么执行了。我认为，凡是出现在班规中的内容，至少都是班级规定中的底线，是不可触碰的红线。班规中的内容越醒目、越容易记住、越精练越好。

（二）班规的内容应随着班级学情的变化而变化

再详细的内容也不能涵盖所有，更何况我们建议班规内容不宜太多，要挑重点，抓主要矛盾，解决主要问题。学生是动态的，如果班规一成不变，就有它的局限性,不同学生会出现不同问题,如果这些问题在我们制定的班规中不涵盖,那就需要我们视情况而定是否增加或者删减班规内容,切忌一成不变,一竿子支到底。

（三）班规不是摆设,要发挥积极的作用

班规制定容易,执行起来困难。班主任的工作很复杂、很琐碎,我们经常会淹没在众多的琐碎之中,忙忙碌碌的身影是大多数班主任每日工作的写照。我们很容易因为忙碌,因为要解决问题,而忽视了班规的使用,班规成了摆设。所以,请班主任们注意,既然制定了班规,就要想起来使用它。也不是只有学生犯错了,才想起来班规。不管是学生表现好还是不好的时候,都可以使用班规,对照班规。好的表扬,不好的批评。经常使用班规,就会引起学生对班规的重视,慢慢地,班规就会成为一种行为准则,对学生产生好的影响。随着执行班规次数的增多,班规发挥的积极作用越发凸显,班规才能具有权威性。

（四）班规要灵活运用,不放大不夸大

在处理学生问题,执行班规的过程中,班主任要根据不同事件、不同情况、不同背景等情况,灵活运用班规,酌情处理问题,本着教育学生的原则,选择合理方式处理学生问题。实事求是,不放大不夸大事实,不要为了想用班规硬生生往班规上拉扯。

四、班规制定的实践示例

以下是某班学生制定的班规草稿。这些班规是学生制定的,班规内容从整体来说还是很好的,强调了班级工作的重点内容,给学生制定了非常清楚的标准,很有针对性。除个别的地方涉及惩罚学生的条款需要修改之外,其他的部分还是很容易让学生接受并执行的。

道德方面：

厚德载物——感恩孝亲,尊师敬长,诚实守信,诚信考试,谦和礼让,互帮互助,戒骄戒躁,坦诚相待,语言文明,互相提醒,男绅女淑,友健谊康。

凡违规者——自我惩罚。

上课方面：

效率至上——自觉遵守课堂纪律,不交头接耳、不吃食物、不开"小差";认真听讲,遵从老师安排,回答问题要举手;在不干扰正常教学进度的情况下,可向老师请教问题,课堂气氛活泼而不喧闹;上课打瞌睡的人自觉站后面。

凡违规者——全班批评你。

作业方面：

高质自主——端正学习态度,保证作业质量,绝不抄袭他人作业,一经发现按班规处理并通知家长;多次抄袭作业者,将加大惩罚力度;课代表及各组负责人要尽职尽责,收好作业,弄清没交名单并报给老师,积极带动全班学习氛围!

凡违规者——抬饭一周。

出勤方面：

视时如金——提前到校,迟到三次者,停课;按时进班上课。

凡违规者——分别站一节课;擦一天黑板;做2天卫生。

卫生方面：

合力营造——按轮次表认真做好卫生,有特殊情况要请假;班委要切实履行监督职责,认真检查电灯、门窗是否关闭,一切经确认无误后方可离开。全班同学共同维护教室卫生,周边垃圾要自觉捡起;垃圾桶满后,值日生要及时清倒。

凡违规者——做卫生不认真的抄班规,忘记做卫生者,下周做一周。

其他方面:

乐观积极——加强体育锻炼,保持健康体魄;积极参加学校组织的各项活动,努力为班级争光;交钱时按时而主动等。

请时刻牢记自己是3班的学生,一定为班级的荣誉作出贡献,绝不惹是生非抹黑班级,我们不仅为自己是大三班的学生而感到自豪,更应让三班时时处处事事以我们为傲!

——高一(3)班全体同学

五、班规实践的步骤

(一)班规理解深化阶段

尽管班规是由学生自己完成的,但仍旧需要进行统一的规范和解释。在推进班规落实之前,班主任要多花时间和精力引导学生深入理解班规。有不少班规对学生的行为作出了具体要求,规定了学生哪些事情能做、哪些事情不能做以及某些事情该怎么做。因此,对于需要学生特别注意的违纪行为,班主任要重点强调,将班规中的行为规范要求具体化为教学内容,让学生指出错误行为并演练正确行为,让班规在学生脑中扎根。

(二)班规执行强化阶段

学生对班规深入理解之后,班主任要树立班规执行常态化的管理理念,严格落实各项班规,帮助学生养成良好的习惯。

一是要在醒目位置张贴班规。在班级醒目位置悬挂或张贴班规,或组织学生共同设计生动形象、令人喜爱的班规手册,让学生可以随时阅读班规,既能够加强学生对班规的记忆,又能够让学生从班规的制订和设计中获取成就感和自豪感,激发学生维护班级形象的集体荣誉感,自觉约束个人行为。二是举行宣誓仪式。班主任可以举行庄严肃穆的宣誓仪式,让学生在仪式中提升对班规的重视程度,将履行班规视作一件神圣的事情。三是联系多方力量。班主任要鼓励学生共同参与班规实施的监督管理工作,也有必要将班规内容告知学生家长,听取家长对班规的建议。四是定期评估学生行为。班主任要建立定期评估制度,依据班规对学生行为进行评估。在班规实施的初期,评估周期要短,之后再根据实际情况延长评估周期。班主任也要不断摸索班规设置及应用的优化方案,使学生在充满爱的氛围下不断走向成熟、走向发展。

(三)违规处理矫正阶段

在班级管理中,即使班规执行力度再强,也无法避免学生的违纪行为,此时则需要惩戒教育介入,但是班主任在此阶段也要遵循一定的原则。

一是突出教育意义。人非圣贤,孰能无过？即使是教师也难免犯错,更何况是处于成长阶段的学生呢。班主任不但要理解学生,而且要透过现象看本质。在学生出现违规行为后,教师不可盲目地批评、惩罚学生,要多方调查,了解学生违规的具体内容和原因,深思熟虑之后再进行教育。二是指导改进。处理学生的违规行为并不是简单地让学生"知错",而是要矫正学生的行为,让学生能够"改错"。班主任要为学生制订具体的矫正计划,适时提出改进意见。三是采取积极强化和消极强化相结合的方式。例如,班主任可以表扬遵守班规的学生,以积极强化的方式让规范行为在学生心里扎根;对存在不良行为的学生,班主任可以采用消极强化的方式让学生远离不良行为。四是循序渐进。班主任要清晰地认识到,行为矫正不可能一蹴而就,仅仅依靠一两次惩戒或谈话无法解决问题。班主任要耐心教导学生,多谈心谈话,了解学生心中所想,洞悉学生的心理需求,并根据情况改进教育方式,帮助学生健康发展。

(四)监督机制完善阶段

在班规运行进入常态化、持续化阶段之后,就迎来一个问题:如何监督班规的执行? 班规落实离不开监督,如果没有监督,班规就会变成一纸空文。因此,在班规推行之后,班主任要积极构建班规监督机制,提升学生的监督意识,有效监督班规落实。

一是增强全体学生的监督意识。班主任在选定学生作为监督主体时,要规定学生按照班规进行监督,不能随心所欲,否则容易在班级内形成连锁反应,打破监督规则。此外,班主任及科任教师也是被监督的对象,让学生监督教师的行为能有效提升学生的监督意识。二是岗位监督。班主任可以在指导学生明确岗位职责的基础上,引导学生依托岗位实施监督。例如,负责卫生管理的学生监督教室卫生的落实;负责班级图书角管理的学生监督借阅行为等。三是教师监督。这是班级管理中较为常见的监督方式,在学生监督出现问题时,教师要及时补充并做出裁决,要注意公平公正,调查清楚真相后再作决定。

班级管理需要班规,而落实班规的过程艰辛而漫长。班主任要用阶段性、系统性思维和科学理论指导班级管理,让学生健康成长。

第四节　团结一心:班级建设的坚实后盾

以"以人为本,构建和谐的班集体"为带班理念,以"尊重、理解、信任、帮助"为带班关键词。我在追寻班级和谐建设的路上,赢得了学生的尊重,家长的理解,同事的信任,各方面的帮助以及实现个人人格的升华,达成了共赢。最重要的是见证了在这份和谐下一批批阳光学生的成长，相信这份和谐会让学生终身受益。现在，能够从容地面对班级中的突发事件，能够巧妙而精准地抓住教育的时机，能够走进学生的内心，能够保质保量地完成学校布置的各项任务。具有非常强的观察能力，发现学生学习上、生活上的问题，能够第一时间解决，说到关键点上。具有很强的包容心，积极阳光。具有非常强的沟通能力、学习能力，和家长、任课老师能够和谐相处，形成合力。

一、懂得尊重和理解

（一）面对学生

每个人都渴望被尊重，学生也是如此，渴望得到老师的尊重。学生出现问题，犯了错误都是正常的教育现象。我会尊重他们，处理问题从学生的角度出发，换位思考，有针对性地给予帮助，发自内心地提醒。从不言语讽刺，大吵大嚷，不做所谓的"杀鸡儆猴"。给他提供反省的时间和空间，给他改过的机会。学生没有问题的时候，关心他的家庭，他的学习，了解他的兴趣爱好等，实现师生的平等对话。为了了解每个孩子的状态，我让班里同学每人每周写一篇周记，周一您会看到，作为数学老师的我，有滋有味地看着学生写的周记，并逐一详细地做批语。三年下来，每个学生都是厚厚的一本。同学们有些私密的话，也借助周记与我交流，他们尽情地诉说，我静静地聆听，守口如瓶。我也把我对他们的期许通过批语的形式，传递过去。还能通过学生们的周记了解许多班里的情况。

（二）面对家长

家庭是人生第一所学校，家长是孩子的第一任老师。

做好家长工作，是班级工作中很重要的一环。与家长和谐相处的秘诀，就是尊重和理解。每一次有家长来访，我都会事先在办公室泡上一杯清茶，再到校门口迎接，然后开始我们的谈话。谈话的过程始终保持谦逊、诚恳的态度，坚决不当着家长面无限放大孩子的缺点，坚决不带着不好的情绪与家长交谈，理解他们苦于和孩子沟通，苦于没有适合的教育方法，总是耐心倾听家长的意见和呼声，规范家长的教育行为，给家长合理化建议，同时也监督家长回家后的表现。

印象深刻的是13年高三，一位学生的爸妈准备离婚，各自找我倾诉，最后问我离不离，我俨然成了一个法官，当时我的心态是，我这个法官，只能管到高考，好说歹说，俩人偃旗息鼓，努力营造一副其乐融融的样子，学生开开心心地走向考场，最后被大学录取。后来她爸妈也没离婚。每每想起，我都感到无限的自豪，不是自豪我当了法官，挽救了一段婚姻，而是在沟通的过程中，正是因为我对家长的尊重和理解，合理的建议，成就了一个学生。现在这个学生已经毕业，成为一名中学教师，也当了班主任。

（三）面对任课教师

虽然我是班级工作的直接管理者，但每个任课教师也都有自己对学生的要求，课堂的管理也会有所不同。我充分尊重任课教师的每一项规定，并严格配合去执行。我充分理解任课教师和我反映的每一个问题，一起研究对策，一起解决。

二、学会信任和帮助

信任是一种力量，它可以支撑学生战胜一个又一个困难，取得一个又一个胜利。信任是一种力量，它可以锻炼学生的能力，培养学生的核心素养。

（一）面对学生

班委会的建立，是在对学生的能力充分信任的基础上建立起来的，将班级大小事务全权交由班委会处理，最终实现学生的自我管理。定期召开班委会，研究决定如何处理班级近期出现的问题，意见分歧比较大的，我给予中肯的建议。定期开展民意测评，监督班委会成员工作过程及开展效果。

班会，我采取"招标"的形式，谁的方案好，谁来主持，同学们积极性很高，经常是提前和我预订下一期班会。一场场精彩的班会课，让我重新认识了学生，不禁感叹，学生有无限的可能，未来可期。鼓励学生开展了多项社会实践活动，印象深刻的是同学们元旦联欢拉赞助，成为我班独特的风景，同学们自己都不相信自己能拉来赞助，但是每年都会为自己班级拉来那么多的赞助而骄傲，这件事情就是到高三的元旦我们还在坚持。

（二）面对家长

班级家长委员会是班级的教育参谋，由班内家长的志愿者和热心人构成。我秉承的原则就是信任、帮助。我信任他们的能力，信任他们的爱心，我帮助他们解决教育孩子的苦恼，我提供家长们沟通的平台。比如：建立班级微信群；筹备育子讲座；布置亲子任务；反映学生的学习态度；制定家长会的流程；配合学校召开的班校会等，家长委员会，发挥了积极的作用，对我工作的帮助很大。

（三）面对任课教师

无论是在业务上，还是在管理上，我完全相信我的同事，会把自己的工作做好。基于自己对学生的了解，我会参与课后作业的检查。

例如，语文英语老师要求学生每周练字，有的学生比较排斥，我给他们做思想工作；物理化学老师要求第一节课下课交作业，我监督完成。定期给课代表开会，我强调，任课教师提的要求，要无条件接受。

2013届我带的是文科班，背诵比较多，为了减轻任课教师的负担，我将学生分成三拨，成绩较好的同学找课代表背，成绩中等的同学找任课老师背,成绩一般的同学找我背。同学们热情高涨,成绩突飞猛进。

尊重理解、信任帮助,这两组关键词,贯穿我整个带班方略的始终。尊重会让人心情愉悦呼吸平顺。理解会照亮前进的方向。信任是开启心扉的钥匙。帮助是互帮互助。我将与学生有关系的家长及任课教师都考虑在内,重视"情感投资",以情感人,立德树人,有利于学生接受老师的教育,有利于学生自主、自律及民主参与意识的增强。

在追寻和谐的路上,我赢得了学生的尊重,家长的理解,同事的信任,各方面的帮助以及实现个人人格的升华,达成了共赢。最重要的是我见证了在这份和谐下一批批阳光学生的成长,我相信这份和谐会让学生终身受益。

以生为本：
班主任与学生的相处之道

师生关系是学校教育过程中人与人的关系中最基本、最重要的方面。如何处理好与学生之间的关系,实现师生关系的和谐发展,是每一个教师特别是新教师必须面对的问题。在处理与学生的关系上,新教师容易走两个极端,一个是不分课上课后,与学生"打成一片",经过短暂的"甜蜜期"后,师生关系渐生嫌隙,互不信任,最后导致课堂"失控",正常的教学无法开展;另一个极端是,教师为了树立威信,有意与学生拉开距离,无论课上课后,总是板着面孔,不苟言笑,拒人于千里之外。显然,这两种方式都不是与学生相处的正确方式。那么,新教师究竟该如何与学生相处呢? 回首笔者十几年的从教生涯,从最初走上讲台时的青涩、懵懂,到现在与学生和谐相处、轻松自如地驾驭课堂,这一路虽然充满了艰辛和汗水,却让我领悟到与学生的相处之道。在这里写下自己的感悟,希望能帮助刚刚走出"象牙塔"的新教师少走弯路,早日建立互敬互爱、和谐相处的师生关系。

第一节 应对高中生所处的特殊成长阶段

高中是一个人成长极快的阶段,也是一个孩子从未成年向成年发展的自我觉察和探索阶段。在这段认知发展、自主发展、社会性发展、三观发展及核心素养培养的关键时期,他们面临着成长和升学的双重压力,既要面对青春期生理和心理快速成长带来的诸多新问题,还要不断提升核心素养以适应快速发展的社会,为升学、就业及自我实现做准备。因此,当代高中生难免存在学习被动、做事浅尝辄止、畏惧困难等心理状态,甚至出现厌学逃学、轻生等现象。这类因内在发展动机不强而引发的一系列心理和成长问题甚至可能延续到他们上大学或就业,可见学生的心理问题应该引起社会的普遍重视。越来越多的高中生发出了关于生命意义的自我叩问:"每天起早贪黑、拼命努力是为了什么?"这是学生对自我的社会属性和生命价值的思考,也是对自主发展的探索。但在长期传统"育分"教育理念和以高考为重的社会大环境下,家庭、学校、社会更多关注的是学生的学习成绩及相关的表面行为,忽略了学生内心的成长,导致他们极可能在长期繁重的学习任务和压力之下迷失自我、丧失自主发展动力、缺失自主发展能力。驱动学生内在发展动机、激发生命活力、提升自主发展动力,是高中教育亟待解决的问题,也是高中生的成长必修课。

一、高中生成长的各方面特点

(一)认识能力进一步发展

在认识能力上,高中生的知觉更具目的性和系统性,更加仔细和深刻,能发现事物的细节、本质和因果关系。注意力已具有主动性,能与明确的学习目的联系起来。记忆力发展到一个新的成熟阶段,机械记忆仍然起作用,但理解记忆的运用越来越强烈,能按照一定的学习目的支配记忆,能更多地用理解识记的方法记忆教材,找出内在联系,并自觉地安排复习,进行自我检查。在整体上,他们思维的抽象概括水平明显地从经验水平向理论水平转化,能够摆脱具体材料在理论上进行推导、论证,或用理论把事实或材料贯穿起来。思维具有更强的组织性,能比较完整地、按一定的系统讲述自己的思想或意见;能对事物进行分析,找出本质特点;思维还具批判性,喜欢怀疑和争论,探索事物的根本原因,不愿采取轻信盲从的态度。他们不但开始思考学习材料的正确性,也开始思考思想方法的正确性。但是,高中生在认识上往往容易犯片面性的错误。

高中阶段是人的智力逐渐定型的关键时期,良好的智力对于人终生的心理健康都具有积极的意义。学校教育应当通过各种途径满足他们智力发展的需求,为他们智力的发展提供指导。

在学习活动上,高中生表现出几个显著特点。第一,选择性强。高中生面临升学与就业的选择,迫使他们将自己的学习与升学、就业的需要联系起来,从而在学习上表现出明显的选择性。那些他们认为与自己升学和就业关系密切的学科和内容,他们往往能够认真对待。反之,一旦被他们认为对于自己的未来关系不大的学科和内容,就可能不重视甚至不太愿意学习。因此高中生会经常表现出偏科的倾向。第二,独立性强。由于思维品质和能力的发展,高中生思维的独立性已经比较成熟,并且乐于通过独立思考去完成学习任务、澄清问题、形成自己的看法。尤其不愿意盲从他人。他们喜欢就自己的学习心得与别人讨论,敢于发表与众不同的意见,经常为一个观点或答案争论不休。第三,自觉性强。高中生的学习目的和学习动机已经相当明确。因此,他们通常能够坚持长时间的学习,能够比较主动地完成繁重、困难的学习任务。高中生也能够比较理智地抵制各种诱惑和排除外界干扰,处理好学习与娱乐的关系,将学习摆在首要位置上,而不是像中学生和初中生那样经常需要教师和家长的督促。第四,注重效率。高中生的学习明显地注重效率,讲究方法,期望获得最大的学习效果。因此,对于各种指导学习方法的活动，他们十分欢迎，并且能够针对自己的情况进行自我调节和改进。这样一些特点，表明高中生的学习进入了新的较高的层次，要求学校的教育教学工作与之相适应。

（二）社会责任感和世界观

青年初期是富于想象和渴望创造的时期，是个性特征逐渐稳定和初步形成的重要时期，也是世界观开始形成的时期。

由于身心发展已接近成人，高中生表现出更广泛、更强烈的社会积极性以及社会责任感，因而这一时期也是世界观形成的重要时期。高中生已经掌握了比较全面系统的科学知识，积累了一定的社会生活经验，这些都使得他们热衷于对各种社会现象加以分析和评价，进行带有一定哲理性的思考。但是这一时期他们的知识经验毕竟有限，对社会的认识仍然难免流于肤浅和片面。对于高中生的社会积极性和责任感，教师应当特别加以爱护，并且加以巩固。在这样的基础上，从哲学、历史、社会学的理论高度帮助他们提高思辨能力，引导他们全面地、深刻地、历史地、辩证地分析看待各种社会现象并且认识其原因及规律。同时，以各种方式创造机会让他们直接到社会中去从事调查研究活动，丰富他们的社会经历，充实他们的社会经验，经常开展关于社会热点和焦点问题的讨论。此外，及时满足他们在政治上要求进步的需求，提高他们对于共青团、共产党这些政治组织的认识，提高他们的政治觉悟。

高中生对个人的远大理想及人类的共同命运都表现出美好的憧憬和极大的关怀。他们向往自己将来成为科学家、企业家、政治家等，希望自己能够对社会做出重要贡献。这是他们理想中的主流成分，是健康上进的。但是，他们的理想中还缺乏现实主义的内容。教师和家长应当启发他们对于人生价值的更深刻的思考，帮助他们认识到作为普通劳动者同样可以有积极的、富有意义的人生,相信诚实的人生、平凡的劳动同样是可贵的,同样是社会进步所必需的。同时,要帮助他们全面地认识一些新的价值观念,例如,什么是公平的竞争,什么是个人价值,以及个人自由和社会意志的关系,权利和义务的关系,等等。此外,社会主义市场经济的建立,使得意识形态领域十分复杂多样并且冲突激烈,腐朽、没落的封建主义文化和资本主义文化中消极的成分会通过各种渠道侵蚀和影响青年。因此,必须注意把握正确的方向,帮助高中生构建和巩固基本的价值观。对于高中生的思想教育,切忌生硬灌输和刻板说教,只有通过启发,通过开放式的独立思考,才能达到教育目的。

（三）自我意识的发展

自我意识的进一步的发展,是高中生个性趋于成熟稳定的一个重要表现。他们不但对周围的人,而且对自己也能作出比较深刻的评价。他们不像初中生那样仅从表面和外在现象上讨论人,开始能够从思想水平、道德修养、智慧程度、人生态度等多角度比较全面地评价别人和自己。由于意识到自己的成熟,精力充沛,他们自尊、自信,要强好胜,充满青春活力。他们头脑活跃,富于创见,思想和行为都很少束缚而极具锋芒。他们的独立意识不仅比初中时更为强烈,而且更加成熟。学校和家庭应当充分利用这样的特点,提供各种机会,引导他们在文化知识、个人修养、政治态度方面通过多种多样的活动不断充实、锻炼和提高自己。当然,高中生仍然难免对人对己估计过高和过低,甚至偏激和片面,需要经常帮助和启发他们,养成对人对己的客观公允态度。

（四）人际交往能力更加成熟

高中生在人际交往方面的要求更高了。高中生非常重视友谊,对友谊意义的理解更深了,在这一时期建立的友谊往往是深厚、长久和牢固的。与初中学生相比，他们所理解的友谊不仅要有共同的兴趣爱好，而且包括共同的理想、观念和信念，对于朋友的相容、谅解能力都比初中更强，这些都使得高中生的友谊更为深厚。他们对友谊的需求和获得也比初中生广泛而成熟。

他们不仅满足于加入某个群体和获得群体的承认，而且十分关心自己在其中的地位与表现。但由于思想和人格上尚不成熟，他们仍然比较容易出现友谊至上的行为，例如同学、朋友之间只讲义气，强调"友情为重"，有的甚至为维护"友谊"而丧失原则。教师应当善于引导，提高他们对于友谊意义的理解，并且关注和了解学生中交友的情况，支持正常的交往，避免不健康的"友谊"。高中生十分看重人际交往中的气质、风度，因此这一时期也是养成良好个人修养的重要时期。

（五）开始体验纯洁爱情

高中阶段的男女生之间出现彼此的爱慕之情，是比较普遍的，这是十分自然和正常的，而且绝大多数十分纯洁。与初中阶段相比，这种情感要深刻和稳定得多，一旦遭遇挫折和打击，他们往往会产生极大的痛苦。对这一类问题，教师一定要慎重，不能伤害学生的自尊和感情；更不能采用简单粗暴的高压处理手段。因为这样的做法不仅通常是无效的，而且往往适得其反。从教育的角度，首先应当提高学生精神生活的品位和格调。一个有理想有追求的青年，即使有比较亲密的异性朋友，通常也能够维持彼此交往的健康文明。其次要进行比较专门的正面教育。例如，婚姻、家庭、爱情等方面的教育。高中生对这些问题的关心是必然的，回避和禁止是放弃教育的权利和责任，是消极行为。正视并且面对这种必然才是科学的态度。要帮助他们建立对自己和他人的责任感，懂得彼此之间尊重和爱护的价值，懂得约束感情、克制冲动是高尚的美德。当然，也应当让他们知道一些关于避孕方面的常识。一般来说，在家长和教师的期望的帮助下，大多数学生能够妥当地处理好这方面的事情。在处理这方面问题的具体方式方法上，通常淡化、冷处理要比急躁地指责和干预更为有效。

二、不同高中年级的心理特点和学习引导方向

（一）针对高中一年级学生

1. 心理特点

高中生正处在心理上脱离父母的心理断乳期，随着身体的迅速发育，自我意识的明显增强，独立思考和处理事务能力的发展，高中生在心理和行为上表现出强烈的自主性，迫切希望从父母的束缚中解放出来。而他们的感情变得内隐，即内心世界活跃，但情感的外部表现却并不明显。这些特点常阻碍着父母与子女的相互了解。

2. 学科特点

高中的学习深度和难度较初中上升到新的台阶，跨度很大，特别体现在数学、英语和物理学科，很多学生都是上课能听懂，课后作业也认真完成了，结果成绩不理想，很多学生甚至出现了不及格的情况，这个时候家长和孩子都很困惑，其实症结就在于学生的知识牵引能力差，综合学习能力急需要提高，咨询师一定要跟家长强调在高中阶段，孩子不能掉队，有问题不能拖，同时强调高中阶段，家长不能盲目相信孩子自己就可以解决问题，因为高中的各科学习都是知识的延伸，并且有很强的关联性，一个知识点或是知识模块出现问题会导致这个科目的学习遇到瓶颈，应该趁月考之后对学生的问题进行整理和有效解决，在期中考试中能考出好成绩。

3. 高一年级需要做的事情

（1）重视高一、成就高考

高一是整个高中阶段的开始，抓住高一，让自己一开始就能占据领先位

置,对学生高中阶段的发展至关重要,多年的高考经验显示:对高一的重视程度和三年后的高考成绩成正比关系,要想在高考中取得好成绩,一定要从高一抓起。

(2)提前动手,从容应对

经历了中考,很多学生沉浸在紧张后的轻松氛围里,但是学习如逆水行舟,不进则退,稍一放松,可能就会给自己的高一学习制造麻烦,抓住高一伊始,让自己的高中学习一帆风顺!

(3)发现漏洞、及时弥补

高中学习比较紧张,发现漏洞千万不要以太忙、太累为由任其存在和发展,因为知识之间是有内在联系的,漏洞不补,会影响其他知识的学习和综合应用,并且积累得太多,会觉得无从下手,只好放弃,给高考造成很大的损失。

(4)成绩波动、正确看待

高一学习成绩波动是非常正常的事情,一般来说,只要适应了高中老师的讲课方式、掌握了高中知识的学习方法,成绩都会逐步上升并且趋于稳定的。因为成绩的暂时下降而失去自信或对某个学科失去兴趣,是得不偿失的。

(二)针对高中二年级学生

1.心理特点

此阶段由于很多学生目标不明确,既没有高一时的雄心壮志,也没有面临高考的紧迫感,是一个容易出现动荡和茫然的时期。一旦遇到挫折,特别是考试中受到打击,就会自我怀疑,产生焦虑。有调查显示:一半以上的学生感到整个高中阶段有成绩明显退步的阶段,其中大部分学生感到这个阶段在高二,这一时期的主要表现为:在学习上两极分化日益明显、偏科现象严重、孤独感和焦虑感较强等。

2.年级特点

高二关键词——"分化",高二是一个比较特殊的年级,一方面已经适应高中的学习生活,另一方面紧张的高三还没有来临,所以心理上比较轻松;同时,高二还要面对多个科目的会考,会分散高考科目的注意力;另外,很多家长理解上有误区:觉得高二的时候还可以不用紧张。这种想法非常错误,结果就是高二轻松了,到高三也紧张不起来。以上各种因素综合起来,造成了严重的分化,一些学生到高三再想努力的时候,发现为时已晚。

(1)学习方面

两极分化日益明显,导致不同心理状态。高一一年下来,学生群体在知识掌握程度方面已较明显地分出层次,即所谓优等生和"学困生"。对优生来说,他们的积极心理得到一步步发展,他们充满自信,学习已成为自觉的行为,并不断从中得到成功的心理体验。另一部分学生在一年学习中(尤其是在考试中)屡遭挫折,对学习的灰心,自卑甚至害怕等心态已渐渐固化,出现兴趣转移,偏科等倾向。学习成绩进一步下跌,自信心进一步被冲击,造成恶性循环。对中等水平的学生来说,学习热情不高,学习目的仅希望在会考中获得通过,处于一种淡漠的被动状态。

归因心理发生很大变化,学习的主动意识明显增强。人总是在不断总结经验中前进的。学习成败归因心理,影响着学生对待学习的态度和学习行为。当今高二学生对于学习成败的归因,更重视个体学习行为的影响,而不是客观条件。对于学习成绩的提高,他们更多地寄希望于改进自己的学习行为、学习情感、学习过程,如学习态度的端正、方法的改进、良好习惯的养成、时间利用率的提高、学习毅力的增强等,而不是客观条件的改变,如学习环境的改善,老师的教学水平等。学生抓住了学习活动中矛盾的主要方面,更重视个体学习行为的影响,则会使学生更积极主动地改进学习方法,调整行为模式。这正是当今学生个体主动意识增强的具体体现。

对高考的期待与恐惧。高二,要说离高考很远吗? 不是,高三的一毕业就到自己了! 很近? 也不是,还有高三的没毕业呢。这时很多学生就出现一种期待和恐惧的心理现象。他们具体表现在上课和学习的时候容易走神和分心、不能集中精力学习、易受干扰、经常幻想将来等。他们感到很紧张,这种期待容易出现焦虑心理;但是,他们一想到要真正高考又感到莫名的恐惧,怕自己考不上好的、理想的大学,所以他们有时宁愿通过幻想得到满足。

从而在上课和学习时容易走神和分心,在他们回过神之后又感到很内疚,后悔当初为什么会这样,他们恐怕这次走神和分心会影响自己的学习。就是这样恶性循环下去,导致各种心理行为的出现。

(2)生活方面

更加自觉地认识、观察、解剖自己,但有时陷入理想与现实,肯定与否定的自我矛盾中,产生孤独与自卑。

对集体适应性增强,"恋爱"现象剧增,择友有较高原则性。"恋爱"现象剧增,但大部分学生"恋爱"动机十分荒谬。这主要表现在其"恋爱"动机上,其原因有:就是要寻找一种被爱、被重视、被珍惜的感觉;受电视、电影、网络等影响,认为恋爱是为了好玩,不知道要负的责任和义务;把是否有男(女)朋友作为是不是有"面子"的标准;显耀心理;攀比心理。为了说明我对异性有很大的吸引力,我是优秀的;认为别人有异性朋友我也要有……一些听来很荒谬的说法却都成为他们早恋的理由。

择友有较高原则性。由于自我意识的发展,高二学生在选择朋友时的盲目性逐渐减少,不再为了需求归属感而刻意交朋友,他们更愿意与那些和自己性格相近,有共同爱好的人建立深层次的友谊,分享心中的秘密,友谊的建立逐渐由泛化向固定化、深层次发展。

3.高二年级需要做的事情

(1)均衡发展

高考可录取依据是总成绩,只要没有严重偏科,即便各科都成绩平平,在高考中也能取得一个不错的成绩。如果在高三冲刺中能够在部分学科有所突破,就会考得非常理想,所以均衡发展是取得高考好成绩的基础。

(2)提前备考

高考考的是整个高中三年的知识,而不只是高三的知识。不要认为高考就是高三的事情,其实每个阶段都是在备考,都是在为高考打基础,高二尤其如此。

(3)强化基础

高一的很多知识是在以后的学习中必须用到的基础知识,所以如果发现高一的部分知识没有完全掌握,千万不能等到高三复习的时候再去解决,要尽快补上,使自己高二高三的学习更加顺畅。

(三)针对高中三年级学生

高三的学生面临毕业,特别是日益迫近的高考,思想、心理、行为等具有一定的复杂性和特殊性。

1.学业焦虑

高三学生学业焦虑主要表现为考试焦虑和学习动力不足。学生考试焦虑体现在对考分的过分看重,说到底是对自己未来前途的焦虑。只有减轻心理负担与学习负担,才能减轻学习上和精神上的压力,才能健康愉快地成长。学习动力不足也常常令学生苦恼。一方面学生都有提高成绩的需要,而另一方面,又容易产生浮躁、厌烦情绪,导致学习无动力或动力不足。

2.信心不足

有些同学由于付出的努力在短时间内看不到效果,就对自己的能力产生怀疑,出现这种情况是由于没有树立正确的归因理念。自卑也成为一个人进步的动力,人生正是在对自卑的不断超越中而渐入佳境的。但是,持久的、过分的自卑感则容易造成心理疾患。在遭遇挫折时,要对自己有一个客观、全面的评价,学会体验内心的喜悦感和成就感,要相信之所以失败是由于自己努力不够或无效努力。可制定阶段性目标。在不断达到目标的过程中体验成就感。

3.心理压力

随着高考临近,考生进入到紧张的复习备考状态,你追我赶,于是有些同学感到竞争激烈,压力大,心情紧张。心理研究发现,保持适度的心理压力有利于高考复习、备考。但压力过大,会造成紧张、急躁心理;没有压力,也不利于学习效率的提高。所以,考生必须学会调节自身的心理压力。尽量以平静的心情来复习备考。

(四)高三需要做的事情

1.目标明确

明确高考目标,同时分析自己的问题,明确不足。对目标学校的情况初步了解(包括历年招生情况对比,有无加分限制等)。如果没有合理地定位自己,是无法形成科学规划的。

2.恰当选择

对于高三的学生来说,选择课外辅导是必不可少的,老师的引导和点拨可以让你进步得更快,但是课外辅导的形式很多,如:在线课程、班级辅导、串讲课程、一对一辅导等,根据自身情况选择合适的学习模式,才能用时最短、效果最好。

3.重视复习

第一轮复习是最全面、最系统的,也是大多数学生最认真、最有成效的。

在第一轮复习时,不投机、不偏颇,才能收获最大。

4.调整心态

高三,没完没了地做题、考试,还有家长和老师没完没了地唠叨,加上自己给自己的压力,很容易产生急躁、郁闷、迷茫、懈怠等情绪。这个时候如果能够及时调整,让心态回归正轨,就是往高考成功的道路上前进了巨大的一步;但若任这种心态蔓延,就会成为你高考成功路上难以逾越的障碍。

三、针对高中生的特殊心理沟通的方法和案例

时代不同了,师生之间的沟通不只是在学校面谈这一种形式。有的同学比较腼腆,不好意思和老师面谈。于是就有了通过微信聊天沟通的学生。凡是主动和我沟通,主动示好,想分享自己心事的学生,都是想让老师了解自己。凡是能主动和我沟通的学生,我觉得是需要很大勇气的。毕竟老师和学生之间还是存在着"高墙",因为大多数学生都害怕老师,怕自己犯错被老师批评,怕老师不喜欢自己,于是一座师生之间隐形的"高墙"就产生了,它让师生不自觉地产生了距离。主动和我亲近的学生,不管他学习好不好,品德如何,我都会抓住与他沟通的机会,我觉得这是给双方了解彼此的机会,这是给教育的机会,必须抓住它。

首先,双向奔赴的交流才能收获好的效果。要表达出我非常乐意和他交流,同时要投入足够的热情,不能敷衍,更不能表现出厌烦,迅速喊停,要给学生足够的尊重,才能让学生放下心防。

其次,聊天的内容不要仅仅限于学生沟通的某一个点。要透过这一点看到线,然后发展到面。要让他感觉原来老师很关注他,很关心他,而事实上我们对每个学生都保有关爱之心,但这种关爱之心,不是每个同学都能体会和了解的。我们要借助孩子主动沟通的机会,传递和表达我们的关爱,甚

至欣赏，让学生进一步了解我们。

再次，要不定期地和这些学生主动沟通。要保持热度，至少一个月，当然不是没话找话，毕竟是想通过聊天了解学生，给学生信心，给学生学习指导。特别是平时行为习惯不好的学生，除了学习外，还要更加关心品德修养，思想动态等。

最后，都说"亲其师、信其道""先做人，后做事"，道理好讲，实行很难。不能总是老师一味亲近学生，不管学生如何对老师，老师都要无条件亲近，这是没有道理的，这是标准的道德绑架。人是情感动物，老师的情感更可贵，不是说无底线的迁就学生容忍学生，这样的老师就是好老师，这就是所谓的具有奉献精神的老师。我觉得老师是要有奉献精神，但这种奉献精神应该是充满智慧，不是愚钝的奉献。而且老师的奉献也不允许任何人随意地践踏。

主动和老师亲近的学生是值得我们付出情感的。而付出情感的同时，要给学生指导指引，让学生朝着更好的方向发展。切记不是给学生制定了计划，学生就一定能执行得好的。人的惰性随时都会出现，要在学生惰性出现之前，恰当而精准地提醒，预见性地和学生聊天。

举一个例子，我突然收到一个学生的微信。

生：老师，假期我学9个小时能上985吗？（之前在班级介绍过我校北大女生假期学习9个小时的事情）

师：肯定能，你如果那样肯定也能上北大。你就现在这样在班级的状态，保持三年，肯定没问题。（新学期他的学习状态很好）

生：OK。

师：你这学期状态咋这么好？受什么启发了？

生：我爸爸天天嘲讽我。

师：比如呢。

生：天天骂我，受不了。

师：一会微信你爸，接着骂。（开玩笑的）

生：什么意思。

师：你不说你爸爸骂你吗，然后你就努力学习了。

生：不光是因为这个。

师：哦哦，总之学习是没错的。

生：哦对。

首先介绍一下这个学生和我之前发生的小插曲，高一上学期，因为中午打篮球迟到，我训斥了他，他不服气，当众顶撞我，然后我让一起打篮球的同学做他的工作，最后不了了之。

每个人的性格不同，爆发点不同，表达歉意的方式也不同。他就是死活不肯说"对不起，我错了"的人，人在发脾气时候，往往表现的是激动、蛮横，从身体到表情、言语都透露着狰狞，但未必是真正的自己。当然形式化、表面化、虚假化地道歉我并不需要，因为相比于我自己的面子问题，我觉得一个学生的成长最重要，认识到错误并能在今后的生活中避免错误的发生才是我想看到的。

我并没有给他就此下了定义，定义他为有问题的学生。此事过后，我仍然像以前一样对待他，请家长或者找机会挖苦教育他。王同学在顶撞我之后的表现，让我觉得他已经知道自己错了。比如见到我会问好，和我说话的语气，看我带有丝丝不好意思的眼神，减少迟到的次数，班级做卫生表现得更好，试探性地问问题等。

印象最深刻的是,其间我骨折了一次,休息两个月。当我回校上班的时候,他兴冲冲地跑过来看我,那一刻我彻底原谅了他。

上面的对话发生在新学期第二周的周四晚上,微信聊天。周五晚上10点,他发来了六日两天的学习计划。两页纸,密密麻麻,最上边是各学科的任务,然后从早晨7点起床到晚上10:30睡觉,包括锻炼时间、吃饭时间,安排得紧紧凑凑。

生:老师,我按照这样计划可行吗?

师:行,挺好的。安排得很全面,你可以试试。

虽然我看出了他制订的计划安排得比较杂乱也很难实施,但我没有给他建议,也不想左右他的想法。我不想他的计划因为我的直接参与,缺失了实验性,因为我觉得人一旦失去实验的机会,就丢失了了解自己的机会,成功也好,失败也罢,该有的经历还是要有,因为在求学的路上知己知彼,才能量身定做,克服困难,达到成功。

果然如我所料,计划执行得很一般。为了追踪他的第一天9小时计划,周六晚上8点,我主动联系他。

师:今天一天坚持下来了吗?

生:有点失败。

师:为什么?

生:时间不太合理,我得重新弄一个。太乱了这个。(他的计划时间限定太强,划分得过细,灵活性欠缺,比较散)

师:你整块整块地按时间来,比如上午三小时学习,从几点到几点,别把每一个科目弄得那么死。(此时学生因为计划失败更能听得进去意见,也更能把计划执行下去)

生:好的。

师:现在是休息时间吗?

生:我正在锻炼。(发来了家里的健身器材,同时发来了一张健身合影)

师:你俩这是干什么呢?(明知故问)

生:上午学习开了腾讯会议。

师:太好了,为你点赞。

当一个人努力向好,是挡也挡不住的。接下来的几天,他不时会有问题问我,我都第一时间答复,合情合理又偏爱有加,我觉得他能感受到老师的真诚。后来他又找来班级数学比较好的同学建立腾讯会议一起探讨问题,还邀请过我到会议和他们一起探讨问题。

再后来他告诉我,我给他画的题他都写完了(之前拿过一本课外书,让我帮他画题,我记得画了不少),我震惊的同时的确很佩服他的执行力。他让我帮他再画些题,于是发来很多图片(因疫情隔离在家),我放下手里的活,用最短的时间把画好的题发给他(学生如此老师怎么落后)。再然后他也会偶尔问我问题,再然后的然后,我发现他整个行为习惯也好于从前。之后的日子里,我也会关注他,我不想学生努力的时候是孤单的,我希望他能看到我,看到他的老师在支持他、在陪伴他。

星河万里,携手共进。学习的力量,这就是学习的力量。学习让人明智、明理。我想任何一位老师,看到一个学生比从前努力,越来越优秀,一定都会非常欣慰。我们时常问自己,教育的意义在哪里,教师的快乐是什么?我觉得教育的意义就是老师遇到学生,一个灵魂让另一个灵魂逐渐提升,遇见更好的自己,看到更美好的未来。教师的快乐就是看到学生向善向美,教师的快乐在于，我的工作在学生身上有更好的体现，就那么欣欣然地希望学生超越自己，闪耀光芒。

四、在师生沟通的过程中需要尊重学生

老师和学生在无法沟通的时候，请老师舍得按下沟通的暂停键，给学生足够的尊重，给彼此降降温。

学生小米，对自我的要求很低，不是那种想要当将军的士兵。对于学习，认为在学校学一天就够了，回家就不学了，因为初中就这样过来的，中考也不错，同时没想过一定要考上好大学，觉得考到哪都无所谓。

对于学生小米的这种想法，作为班主任，我第一时间想到要纠正其思想认识。首先强调初高中知识体系和难度的不同，初中相对简单，高中比较复杂。课堂的吸收重要，但如果少了课后巩固一环，不管是记忆的深刻度，还是对问题的理解、发散的程度都是有限的，不能学一只会一，要想做到举一反三、融会贯通，需要回家反复练习。

毕竟时间有限，给我们老师监督学生管理学生的时间只是白天他在校的时间。毕竟地点有限，我们不可能每天下班到学生家里继续监督。毕竟发自内地认识、行动、向好才是科学的有效的教育。对学生最好的教育，不是我在他才好，而是即使我不在他身边，他比老师在他身边表现得还要好，这是我的教育对学生产生的深远有意义的影响。

学生小米对生活的向往很低，没想过追求更美好、更优质的生活。觉得现在这样挺好，接受现实，接受不是多么完美的现实，其实她对自己的生活也不满意，但这么小就放弃了抗争，选择了接受。不一定非要去985，也不想赚那么多钱，即使钱赚多了也买不起房，怎么也是无奈，怎么也是这样。一副看尽千帆过的样子。

对于学生小米的这种想法，作为班主任，我首先有种思想被撞击的感觉。因为我的意识里，每个人都有对美好生活的向往以及追求它的权利，甚至笃定所有人都是这样的，即使意识里觉得可能会有人安于现状，会有人不那么向未来，但真正一个十五六岁的学生以这种心态和状态出现在自己面前的时候，还是有些不能接受的。总觉得怪怪的。

毕竟，年龄段不同，对问题的理解不同。如何将我的生活经验告诉她并对她产生积极的影响？如何与她行之有效的沟通，如何在沟通中完成"拨乱反正"？如何让她看似成熟平静实则缺乏激情的心里泛起波澜？让我很是苦恼。

我始终觉得，有效的沟通以及沟通技巧的选择，远远超过多次无头绪、浮于表面、不达内心的沟通。

我始终觉得，当你在与一个阅尽千帆的学生沟通的时候，如果你的沟通仅仅是曾经很多人，很多关心她的人和她重复过很多遍的话，触及不到心灵，等于徒劳。越是这样的学生，越是希望有人能够走进她的内心，给她一个积极的理由，对待生活对待自己。

其实，冷漠、冰冷、无聊、没有热情，都是很可怕。坦率地讲，我不知道如何与她沟通，我觉得她和我对话的无所谓的态度，甚至对我的自尊心带来了伤害，"我本将心照明月，奈何明月照沟渠"。说这句话的前提是，我曾多次小心地呵护她的自尊心，同时又鞭策她保护她。在这样的相处关系下，依然感觉自尊心受到了伤害。

此时我真是不知道与她该如何继续沟通，与其让沟通被学生当作打扰，不如暂时不沟通给学生和自己冷静思考的时间。于是我按下了我们师生之间沟通的暂停键，选择了沉默。先冷却一段时间，再观察想对策。我想学生需要冷静，冷静地想想她在老师面前表现的冷漠和堕落。我想老师需要冷静,冷静地寻找继续教育的机会,不强行施加自己的想法让学生接受,不急不躁,慢慢渗透,慢慢转化。

学习生活在继续。课上,她认真了一点,但明显心里有事情的表情。这期间我们没什么交流。我在默默观察,小心被察觉。

课下,她变得更加专注地学习。似乎想证明,我在学校能把任务完成,我这么抓紧时间就是为了给回家不学习一个充分的理由。似乎这一切在告诉老师,我认真了。

学生毕竟还是小,心里装不住事儿。几天下来,也是挂在脸上显得不自然。我依然保持对学生的足够尊重,不去打扰她,既然她现在不想和老师沟通,还不如等她彻底冷静了,想沟通了再沟通。几天下来,我没有主动找她,也是不想打扰她,因为她也不喜欢被打扰的感觉。

一天中午,班级气氛很好,大家刚吃完午饭,有的同学聊天、有的同学学习。她坐在教室的后边,我走到离她不远的其他同学中间聊天,"老师,这道题怎么做啊?"她笑了一下,我把那道题给她讲了讲。没再提之前她在我面前表现的消极和不耐烦甚至对我的不礼貌,事情就这样过去了。

我觉得她是在以主动问问题的形式,打破僵局,以这种方式表示内心知错的心理,这就是她向老师道歉的方式,或者说是她解决问题的方式。我也没有抓住过去她犯的错,非让她说她那样说不对,那样做不行。而是顺应她的方式化解了尴尬。

也许就是她的这个举动,得到了老师的回应。正因为我们都不念过去,不纠缠在你对我错之中,所以她放下了思想包袱。上课的眼神,下课的行动都变得积极且自然,不是做给谁看,是发自内心的轻松了。

当然,教育一个学生是漫长且特别需要智慧、耗费心血的事情。没有哪位高人能够一个事情用一句话解决完,用一个办法把一个习惯不好行为不端正的学生拯救。

我们要舍得适当的时候给学生时间,给自己时间,给教育时间。我们应该适当地放过学生,放过自己,给教育空间。因为无处不教育,无时不教育。我们又何必在一件事,一个点上有执念,弄得两败俱伤。我不觉得郑重其事地道歉比换一种方式道歉要高明,道歉的形式不是最重要的,只要教育学生有效果,老师的脸面可以放一放,有诚意的道歉,即使不是在全班同学面前,也是好的。而最好的道歉就是改正,改变。学生们的一双双眼睛会见证老师教育一个学生有没有效果,而这个效果一旦有,又何止教育了一个学生呢?

第二节　做好师生沟通工作的重要性和方式

现代教学所提倡的"对话式教学",最早为巴西教育学家弗莱雷在其代表作《被压迫者的教育学》一书中提出。而从柏拉图的作品中,我们可以看到以古希腊为发源地的西方教育思想,强调师生平等对话,教师和学生之间的一种平等关系。师生通过相互提问、对话和交流,充分显示了教育的价值取向、民主与平等。因此,班主任工作中,也应贯穿对话教学思想,打破教师权威,转变原有高高在上的教师角色,以民主、平等为导向激励学生去主动了解世界、改造世界。班主任应改变传统的知识传授者为学生学习的组织者、引导者和合作者,注重培养学生的独立性和自主性。例如,进行思想教育时,与学生坦诚交流,倾听学生的声音,让学生说出自己的想法。切不可将德育上成一门知识传授课,因为每一位高中生都有自己独特的个性和思维方式。倾听学生的想法,主动与学生对话,既拉近了师生心灵的距离,又更了解了学生,以便"对症下药",纠正学生缺点,更好地开展教育教学工作。这样,班主任让学生真正感到自己是他们的朋友,是合作的伙伴,有利于高中生正确的人生观、价值观的形成,有利于他们独立思维、批判思维、创新思维的养成和民主、平等思想的形成。

一、师生平等沟通的重要性

（一）它可以拉近彼此的距离,老师了解学生,学生了解老师

师生沟通如果仅限于学习,那沟通的点未免单一,也容易让学生产生厌烦,师生之间的距离感"城墙"不但无法拆除,相反会越来越巩固、越来越无法沟通,沟通停在原地即失利。

（二）全面沟通,能帮我们更全面地了解学生,成为学生的良师益友

老师找学生谈话,学生的第一反应是:我犯了什么错? 又是学习上的事情吧! 这是大部分同学的表现。似乎在他们心里,老师只关心学习。

为了打消学生心中,老师找我是不是找茬或老师只关心学习的这种念头,建议班主任可以拓宽沟通的范围。为了让学生摸不清老师沟通的规律,可以采取不定时沟通,无准确地点沟通,随时随地沟通的方法。

比如课间,课外活动,假期等时间段都可以和学生沟通,甚至在楼道偶遇都可以进行一段沟通。哪怕是聊聊家长、聊聊电影甚至是聊聊八卦。

比如了解他的家庭背景,亲子关系,成长故事,学习兴趣,理想抱负,同学关系,师生关系,自我分析等。沟通的形式有很多,可以是在办公室面谈,在操场上边走边谈,在微信上谈——语音、文字、视频、表情包谈,写邮件谈等。

沟通应该是无意沟通代替有意沟通,达到有意沟通的效果。沟通不分主题,发现学生有变化或者想进一步了解学生,都可以展开沟通。日常工作中,不可能保证每天和每位同学都说上话,因为班主任除了管理班级还要上

课批改作业,以及完成学校当天的各项任务。即使节节课间回班,也不见得能和每个学生说上话。还有课间如果有学生问问题,就更不能说多少了。所以把握沟通的机会很重要。

二、保持良好沟通的方式

(一)沟通不能太刻意

沟通不是审问,不是刨根问底。班主任要定义自己沟通的原则是不给学生压力,和学生实现平等对话,最后成为学生的朋友,成为学生解开枷锁的钥匙。

私密话题更要为学生保密,避免伤害学生的自尊心。我觉得学生很容易满足,也很容易受到鼓励,每个学生都渴望得到老师的肯定。特别是特殊家庭的孩子,他肯定有很多故事,心理承受了很多压力,他喜欢的老师是足够尊重他,不触碰他的红线,能够开导他、指引他,给他安全感。这就对班主任提出更高的要求,要求沟通更有艺术,有策略有方法,润物细无声。像朋友一样地聊天,不带着很强的目的性沟通,有温度的沟通,完全是关心爱护走近的沟通,是学生喜欢的沟通。

(二)从周记到"班小二"

我让学生每周写一篇周记,记录自己的生活,交上来我批阅写上评语发给他们。起初的学生,迫于老师的要求不得不写,有的很流水账,看不出要写什么,为了周记而流水;有的仅一句话,这有点过分了;有的只是分析学习,不涉及任何学习之外的部分。我的评语有鼓励也有批评,有开导也有引导。

于是提出要求,字数200以上,可以插图,统一周记本大小,细节做到位,规定不要只写学习,还要写生活或者分享一些心得,强调自己让大家写周记的初衷是促进师生的沟通，强调学生写周记其实是写给自己，记录自己的生活和感受，给情绪一个出口。

后来的学生，大胆放开了写，写的内容不仅多了，语言也放松了很多。通过周记能进一步了解学生，原来外表冰冷的他内心是一团火，原来不善言辞的她对班级发生的事情是振振有词颇具想法，从侧面也能了解更多发生在班级学生之间的事情，比如课堂纪律，男女生交往等问题。

每个学生周记的最后，我都会写上评语。例如，"考试加油，你是最棒的""每一天的太阳都是新的""钻石会发出不一样的光芒""你最近状态不错，老师很开心看到你的进步""要团结同学，友谊万岁"等。周记本发下后，同学们都会赶紧看评语，看看老师说了什么，哪怕一个字评语"好"，同学都很高兴。互相之间还"攀比"，李老师给我写得多，给她写得好。

每周一，我的办公桌都很壮观，我是数学老师，却有很多周记小作文等着我。

再后来学生不喜欢用笔记本写周记，收发也占用一定的时间，特别是发的时候，如果发错了，学生写的内容被其他同学看到了，会有种被冒犯的感觉。批阅反馈不是第一时间，教育的作用削弱，出现了一系列问题。

综合考虑一下，与时俱进，用手机软件实现周记本的功能。

我现在每周五晚上都会用"班小二"发一个打卡任务，区别于原来周记本的自由发挥，改为命题作业，一周一个主题，比如"这一周令你感到最深刻的一件事或一句话是什么，为什么？""开学第一周，你有什么感觉？""对我提意见，班级管理和日常教学""网课感受""你适应上网课了吗？和我分享心得体会"等，当然这也要规定，比如打卡的时间，字数的要求，能不能配图或视频，都要提前和学生说清楚。每到周五，我都会手机不离手，为的是能够做到第一时间收到学生打卡，第一时间回复评论，学生在网络的那端，我在网络的这端,彼此同步,必有回响。同学们明显喜欢这种电子的形式多一些,一是私密,二是好操作,三形式可编辑,突出个性,四给自己和手机多接触一次的机会,五打卡有先后,明显能看出自己和其他同学完成的进度,同学们积极性很高。

毕业的同学有的还保留着周记本,因为这个周记本记录着他的青春,见证着他的成长。这里有欢笑有悲伤,有师生之间共同的成长。今后毕业的同学也会回看班小二吧,因为这个班小二软件就是科技化的周记本,功能是一样的。

师生沟通非常重要,沟通的形式也多种多样,随着时代的发展,信息化时代带给我们的手段会更多,但宗旨是不变的,让良好的沟通拉近师生的距离,教学相长。

新冠肺炎疫情的来袭,打破了原本生活的平静,特殊时期学生们在家上网课,从开始的不适应到现在的适应,这期间学生出现的最多问题就是心理问题,因此师生沟通就显得尤为重要。

三、案例分析:在沟通中实现共同成长

周一早晨有两个公共教室的卫生是我班和 1 班负责。在什么样的背景下呢? 从平时表现来看,1 班同学比较老实,踏实,求实,纪律好,学习好。我班同学比较活泼,学习韧性偏弱一些,整体成绩不如 1 班。由于早自习需要盯班,公共教室和本班教室不在一个楼层,所以不能做到同时盯卫生和学生自习,于是我就派周一做值日的同学上楼做卫生,我在楼下盯自习。

马上上课了,我去检查,看到的情况是:1 班同学正在擦地,很认真,整洁一新,门口都擦得很干净,多余的椅子放在了门口。上课前两分钟铃声已经打了,他也不慌不忙充分利用这段时间。我的"戏码"是会心一笑。反观

我班负责的教室，从前门看地面有杂物，黑板没过水，看得过去的是桌椅整齐，但这还是在上周五没学生上课的情况保持的，此时我的"戏码"是怒目圆睁，我真正体会到"没有对比就没有伤害"。本来成绩上我班就不如1班，再加上今天做卫生这一环节的比较，我更加不甘心。1班同学把平时的这种自律带到了做卫生这一环节，可以想象已经带到了生活中的各个角落。反思我班平时做卫生情况，两个卫生委员一个负责早晨一个负责中午，按说分工明确，应该收到实效，但是没有。班里的卫生长期是个问题，由于学习任务较重，做卫生时间前后会有学习任务，所以我就降低了要求。而这次的事件貌似是一个爆发点，我不能再让步了。是无边界地暴发、一吐为快？还是有规律、有想法、有计划地实施，在我的脑子里出现了很多套方案。

冷静下来，火山爆发固然很好，我自己痛快，学生也被喷发的火山岩浆触到痛处，可痛过之后，无非是留下伤疤，浮于表面，而我想要的是痛彻心扉，大彻大悟。第一步：我找来两位卫生委员，详细了解监督卫生的困难和各组做卫生情况。第二步：搜集数据，用数据说话。每天做卫生结束所用时间和效果，做成记录本。第三步：搜集证据，用证据说话。拍照留存做得好的，做得不好的。第四步：找周一做公共教室卫生的同学们谈话。第五步：召开主题班会——做好卫生还是好做卫生？

针对早晨值日生交作业和做卫生兼顾不好的情况，制定课代表先收值日生作业制度；针对有的同学忘了自己当天做卫生的情况，制定了卫生委员督促＋黑板上写值日生名字的措施；表扬做卫生好的同学，形成统一标准，教学生如何又快又好地做卫生；针对擦前后门玻璃占早晨时间的问题，改为中午擦玻璃，而且是专人擦玻璃；指出做卫生做不好的点，用记录的照片说话，用事实说话，好坏形成鲜明对比；请做公共教室卫生的同学谈体会，主要是当天和1班同学比较的体会，形成追赶1班超过1班的做卫生氛围；最后我总结发言，如下：

同学们，以小见大，必须承认我们做卫生和 1 班同学比存在不足，这种不足表面是卫生做得到不到位，本质上则是内心对自我的要求有懈怠，一屋不扫何以扫天下，小事不成以何成大事？我们不能降低对自我的要求，能做到的能做好的小事，必须做好。扫地擦地黑板，做卫生有其规则，做不到达不到效果。任何事情都有规则，都有标准，必须做到。我们不是那个公共教室的卫生没做好，而是我们内心角角落落的灰尘没剔除干净，这种"做事情松懈"的思想阻碍了我们前进，如果我们不及时醒悟，那角角落落的灰尘越积越多，会影响我们的身心健康。做事情努力做好，才能做到最好。卫生也是，学习也是。学习成绩摆在面前，我们必须承认我们和 1 班存在很大的差距，这种差距就好比做公共教室的卫生。我们做得不到位，等考试检查的时候，一目了然分出胜负。据我了解，1 班同学下课后又去把多余的桌椅整理了一下，好上加好。千万不要错误地以为，我的这种好是建立在比别人好的基础上，我的这种好应该是自我的一种修养，我们不仅要做好卫生，而且要好做卫生。老师相信大家个人卫生会越来越好，有一个干干净净的奋斗人生。自从这次之后，我们班的卫生搞得越来越好，拿到了学校的卫生流动红旗。

第三节　班主任智慧应对"边缘生"

高中三年是非常重要的阶段，即一个人的道德观念、价值取向等形成的关键时期，也是决定着人生命运的高考的寒窗苦读期。在一所学校中，有成绩优秀的"优等生"，就会有相对没有那么"优秀"，徘徊在本科边缘的"边缘生"，也会有整体成绩没有那么好的"落后班"。作为一名老师，我们不能轻易地放弃每一位学生,帮助"边缘生"提高是一种重任,也是班主任的主要工作。本节结合我个人带"边缘生"和"落后班"的经历,希望能对各位班主任有所启迪,促进学生的全面发展。

一、如何帮助班级"边缘生"

(一)做好心理调节

边缘生的工作是我们不能逃避的工作,把达不到二本分数线的边缘生提到分数线,这个难度我觉得不亚于把一个能上二本的学生再拔高到一本以上,虽然我们偶尔会轻蔑地说一句,不就是二本吗? 但对于边缘生来说,让他过二本线就好比让他过600一样难。

边缘生工作非常难做,正是因为难做,才富有挑战,正是因为难做,做好它,做成它,才能更好地体现你的教育智慧和水平。我们经常教育学生,没有做不到的只有你想不到的,其实我们偶尔也要自省,做好心理调节,做好迎接困难、战胜困难、收获成功的准备,也告诉自己,没有什么不可能,三年一次的机会,何不牢牢抓住锻炼自己,提升自己的机会,把不可能变成可能,遇事不着急,积极想办法,只有做好自己该做的,才能收获自己想收获的。

同时也要做好学生和家长的心理调节,面对现实,面对自己分数达不到二本线的现实,不要"大萝卜坐飞机愣装进口大苹果",要实事求是、真实地和老师交流、请教,同时以积极的心态想办法,才能提高成绩。

(二)找准边缘生范围

每次考试学校会画个范围,我觉得班主任应该根据自己班的情况,自己有个范围,因为最了解学生状况的还是班主任,可以根据他们的智力水平、语数外的成绩,学习方法以及学习态度等综合情况,划准范围。13届我带的是华英文科班,最后2个人上了一本,8个人上了二本,另外美院1人、体院 1 人,还有另外 2 个人不够二本线被外地二本院校录取了,相当于最后有 12 人上了二本院校。当时班里 33 人,划定范围只能从前几名划,哪怕华英的学生历年的成绩摆在那,我也得面对现实,为了保险,我把边缘生范围扩大到 15 人。14 届我带的 45 理科普通班,最后 26 人,只有 2 人没上一本。当时划范围,如果按分数的话,有 5 人属于边缘生,但实际上这 5 人里有的只是没考好,而排在前面的学生未必都是有能力的。最终,我跟任课老师商量,综合划了 11 个边缘生。将这 11 人按能力排好顺序,先从排号靠前的开始,能提升一个是一个,当时的情况就是那样。

找准边缘生的范围,有利于工作的开展,目标明确,重点突出,将精力更多地留给那些边缘生,再重点把精力给那些听话的、头脑灵活的同学。如果边缘生范围划得不准,那么老师的精力将会分散,学生无法得到足够的支持,高考中不确定因素暴露得就比较明显。

我自己是找准了 11 个边缘生后,把他们一直带到高考,最后成功了 7 个,只是在过程中,有的学生提高得比较快,自己心中有数的就放一放,但也不是彻底放手,而是不同的阶段所给予的帮助不同。

(三)成立学习小组

根据学生的成绩分组,边缘生往往不止一科不行,但如果好多科都一起抓,那就等于没抓,因为学生学习能力达不到,一起抓的效果不大。所以我分学习小组的时候,一个人最多在两个组,一组最多 4 人,其中每组的组长都是班里单科成绩好的,任课老师每天单独给找题做,做完了老师检查,不会的题讲给学生听,有时候组长也负责给讲,因为高三老师工作量本身就大,找题讲题又占时间,很辛苦,所以比较简单的题,组长就能讲,而且效果也不错。老师的重点工作是帮他们找到适合的题。高三考试也比较多,分组一段时间后,老师觉得某个同学没问题了,就可以不带他了,换成其他的边缘生。一科一科地学，先学边缘生自己相对感兴趣的科目，再学其他。这样每天也不会占太多的时间，也不会有太大的负担，重点也能突出。

其实做边缘生工作，一方面带着他学习，告诉他怎么学。另一方面，也在教育那些不是边缘生，但偶尔会迷茫不知道怎么学的学生。鼓励学生如果你想做小组的题目，你也可以自己跟着做。还真有很多同学跟着做，效果非常好。

（四）监督边缘生学习

找准范围容易，分组也容易。不容易的就是如何监督边缘生的学习。我记得自己当时上课的课间，趴后门看的时候，按顺序看1在干什么、2困没困、3怎么样等，发现他们的问题，及时提醒，之后任课老师也熟悉了，上课经常观察这11位同学，总和我反映情况也总帮我解决问题。课间我经常回班，去多和他们交流，不只是交流学习，而是像家人一样多沟通，交流。当时有的同事和我说，那孩子人品不好，我就想关键时刻人品先放一边，我是老师，他是学生，我应该引导他向善向美，不放弃任何一个学生。在自己的课上多提问他们，而且都是提问他能解答的问题，帮他建立自信，上课下去巡视的时候，也多去边缘生那，而且还不能刻意，一刻意他就很敏感，当时真有种"轻轻的我走了，正如我轻轻的来"的感觉，真实地帮助他，有时候是耐心盯着他做一道题，有时候是指导他做一道题，作业都先判他们的，总之是实实在在的帮助，不是光嘴上说说。

分完学习小组后，我每天检查，其实检查也很简单，就是问组长，题写了吗？都交了吗？会了吗？老师又出新题了吗？要坚持每天都检查也很麻烦，但没办法，为了让学生重视，形成习惯，只能这么做。还有及时跟任课老师交流小组学习的情况，根据情况的变化而制定相应的策略。

边缘生定期开会，鼓劲儿，批评谁，表扬谁，很明确。给压力，树典型，做动员。

我觉得监督边缘生学习,最好的方法就是陪伴,真实的陪伴。让他感受到老师是实实在在地为他着想,也是实实在在地在监督他,尊重他,理解他。对边缘生的帮扶,可以通过调位、谈心、制定学习计划和目标、指导和引领他学习等。

(五)个别学生个别对待

14届有个边缘生王某,头脑灵活,但长期睡眠不足,上课就睡,回家就睡,因为大部分时间在睡觉,所以没时间学习。中午打篮球,假期打篮球,打到衣服能拧出水才回家。一心想着,考二级运动员有加分,结果也没考上,万念俱灰。他爱说大话,用学生的话说兜里有一元钱能说有一万。找他谈话,说得可好了,什么都懂,可是实践起来就不那样了,长期地脱离学习的轨道,听不懂老师讲课,也不知道如何学习了。刚开始我找个他附近的学生盯着他,上课犯困就推醒,后来那个学生也烦了,找我反映说影响他学习;再后来调位,由后边调到最前面,有老师在讲台,对他也是个约束,他后边安排一个综合成绩好一点的同学,这样他有问题可以随时问;再到后来他课上吸收率太低了,一节课学不了太多了,有时候上午请假,学校也给他也开了绿灯。因为就王某本身来说,他还是比较适合老师盯着他学的,因为他本身爱犯困,有人盯着效率会高点,但在学校老师不可能总盯着一个学生。此外关于请假问题,因为他本身语文和英语能及格,而我教数学,数学这科他会好好听,在这个大前提下,我们老师才允许他请假几次。补课他也不是全补理综,而是选择他能提分的科目补,最后他考了480多分。他说,最后能考上大学全靠各科老师的帮助。

学生的例子还有很多,在这就不多说了。

我记得校长说过,高三有的时候是避短,有的时候是扬长。我觉得抓边缘生工作在接下来的阶段应该放在扬长上，之后选择性避短，如果整个过程都在避短，那就没有长处只有短处了。

另外，监督边缘生的学习也是有计划的。要明确解决什么问题，怎么做，监督学习计划最后使他提分了没有，在此基础上做周计划是非常必要的。

（六）家校合作

与家长保持联系，让家长重视孩子的学习、参与孩子的学习。举例：微信群里反馈单词默写情况。老师也要定期鼓励家长，如果孩子成绩不好，家长回家不知道如何交流，那得告诉家长需要怎么说怎么做。边缘生工作有时候需要孩子大人一起管。高考后有的家长和我说："谢谢李老师，有时候真想放弃，就是因为你鼓励了我们，所以我们才能坚持，孩子才能坚持。"

在日常的高三教学工作中，每一位老师都非常辛苦，压力也很大。特别是班主任们，除了教学还得带班，事情很繁杂，如何让自己在繁杂的工作中更高效，特别是边缘生工作，对班主任的能力要求很高很具体，要根据不同的学生制定不同的方案，同时不辞辛劳地监督他学习的过程。班主任的辛苦也只有班主任自己体会。

二、如何带好"落后班"

（一）带"落后班"的三个做好

1. 做好心理调节

做好自己的心理调节。首先接受班级学生表现不好的方方面面，做好迎接各种头疼问题的准备。遇到事情，沉着冷静，以积极的心态解决问题。做好学生的心理调节，教育学生接受自己学习成绩落后的现实，鼓励学生心理上不要有负担，要积极地面对，要努力地克服，尽量地自我约束，力争上游。做好心理调节,可以让自己在紧张的工作中保持清醒,可以让学生在繁重的学习中保持状态。

2.做好重点工作

"落后班"肯定有很多事要解决。不要因为一些杂事而影响了正事。跟学习有直接关系的事情都是正事,要正面地解决,大篇幅地开展,立场鲜明。比如:纪律的整顿,作业的收发,成绩的分析,励志节目或者演讲的收看等。在纪律的整顿中,本着"擒贼先擒王"的原则,要先关注那个最调皮捣蛋的学生,而且要在他捣蛋之前就开始整治,不给他捣乱的机会。教育的起点是学习,教育的终点是学习,从学习的角度罚他,同时让更多的同学看到捣蛋的后果,教育到更多的同学。杂事需要缩小范围,否则处理起来没完没了,比如早恋,迟到等问题杂事。

有时候在繁忙的工作中,我们会忽略二本边缘生,有时候也会被考试成绩蒙上了眼。我觉得作为班主任,要根据自己的了解划出自己心中的二本边缘生。而对于二本边缘生的拯救也好,帮扶也好,要从上高三就开始,当然现在这个阶段更应该开始,每天都要做边缘生工作,确定了边缘生后,我会制订一个计划,这一周解决他哪个知识点,怎么解决;这一周,该找谁谈话、谈什么,谈完怎么挂到学习上的改变;这一周又该嘱咐哪个同学怎么带动边缘生学习等。

主次分明地开展工作,可以让自己的工作重点更特出、色彩更鲜明,可以让学生的精神状态随着主旋律走。

3.做好家长工作

一个孩子的成长,离不开学校、家庭、社会三位一体的教育。做好家长工作,是班级工作中很重要的一环。与家长和谐相处的秘诀,就是尊重。让家长感受到你的尊重,每次请家长,不把对学生的情绪转嫁到家长身上,平等地对话,给建议,帮其想办法,但同时也要监督家长回家后的表现,及时反馈学生对家长表现的评价,鼓励家长,家长会上点名表扬表现好的家长,比如学生生病及时给老师打电话,写假条,每天能监督背单词等。给表现不好的家长提意见,比如他们不配合老师工作,言语上抱怨但行动上无动于衷的家长,言辞注意严肃。

高考结束后,有两位家长和我的谈话,让我印象深刻。第一位说:"老师,你对他鼓励的同时,也鼓励了我,有的时候真想放弃,但你的鼓励,让我不得不照您说的做。"第二位说:"老师,我在家庭聚会上提起您,都说这个老师连家长会上对家长都不含糊,还是严点好啊。"还有很多话,让我印象深刻。我越来越认可和家长相处的重要性。现在回想起来,上一届我们班,学生的好多情况,都是家长告诉我的,这对开展班级工作有很大帮助。

(二)提高成绩的做法

1.配合科任教师的工作

2013届我带的是华英文科班,33人,最后我们班一本2人,吴同学被河北工业大学录取,安同学被天津外国语大学录取。文科背诵比较多。我将学生分成三拨,学习相对好的同学跟着课任老师背书,我负责不认真背书的同学,其他同学就找课代表。女同学学习状态不稳定时,有时候会麻烦女老师帮忙找其谈话,把我的意思转给她,鼓励她。我有时候也会把科任教师对某位同学的表扬转述给他。要和科任教师勤沟通,比如最近主要的培养对象,班级最近抓的各项工作。中午时间,协调好各科的时间及科任教师的课表,合理安排。科任教师提出的需要班主任配合的工作,不管多少,都想办法完成。

2.培养学习榜样

培养范围:名次靠前,单科第一,进步较大的同学。

培养原则:不单一培养,形成良性竞争。

培养方法:鼓励为主,监督为辅。鼓励他们努力学习,保持成绩。监督两次考试期间的表现,出现问题,及时纠正。给其任务,科任教师单独布置拓展作业。发挥作用,鼓励给其他同学讲题,带动更多的同学学习。开成绩分析会,让这些同学谈心得体会。

3. 建立学习小组

促进边缘生和有潜力学生的学习,将同类型的学生分组,比如头脑灵活的、某一科比较好的、某一科比较弱的等,并选出组长,组长安排固定的学习任务,一般是一天一个很小的内容,比如一道题或者一篇阅读等,每天检查组长完成情况,组长检查组员的情况。

4. 抓作业

一方面是所有作业的收交,在早自习前完成。监督学生交作业的过程,严防抄作业。作业没完成的,课下监督完成,保证作业质量。鼓励学生当天完成作业,直接交给老师。另一方面是早自习之前不收作业,保证学生安静地上自习。给学生创造多一点自己学习思考的时间。

第四节　信息化的高中生教育

在 2019 年末,一场灾难猝不及防地降临了。新冠肺炎疫情的蔓延,改变了高中学校教学方式,也改变了同学们的学习方式。其波及面之广,打击面之大,持续时间之长,是超乎我们普通人想象的。它严重打乱了我们正常的教育教学秩序;它让本就复杂的班主任日常工作变得异常艰难;新冠疫情,何时消散? 班主任如何在网络的两端实现对学生的远程管理? 如何创设自觉自律的网络班级文化? 如何排解学生因居家隔离带来的心理健康问题,以及集体荣誉感缺失等等,都是摆在每个班主任面前的问题。

面对这些问题,班主任如果一味等待,等待疫情散去再开展班级工作,势必会积累问题,小问题变成大问题。如果一味抱怨,比较过去和现在,我想意义不大,因为这些问题就是特殊时期产生的,和以往没有可比性。因此,最后一节我希望记录一下在疫情期间我们所作的努力,希望这些记录也可以给之后高中教育的信息化一些启迪。

一、线上线下的区别

原来在线下,我们会定期进行视力检查,监督孩子们的视力情况,同学们课间休息也能眺望远处或者同学之间交谈一会,缓解眼睛疲劳,保护视力。现在在线上,学生上网课,长时间盯着电子屏幕,对眼睛的伤害性很大,为了督促学生保护视力,我会每天利用上下午大课间时间,带着同学们做眼保健操。

原来在线下,学生问问题非常直观,办公室也好、教室也好,总能看到下课后学生把老师包围起来问问题。现在在线上,一下课,学生跟赶场子一样,去找下一个会议号,即使留下来问问题,课间 10 分钟也解决不了一个问题。于是,老师牺牲个人休息时间,利用放学时间解答问题,这成了常态。为了更形象生动地解答,老师们学会了视频、语音、微信笔记本等功能,想尽办法生动地讲题,让学生有直观的感受。

原来在线下,班会活动气氛活跃。现在在线上,不能说死气沉沉,但是大多时候安静得很,因条件不允许大家的麦克风都打开,打开后各种声音混在一起根本没法开展活动。为了活跃气氛,增加同学之间的交流,努力营造气氛活跃,参与度高的班会活动,我们想办法让班会课多一些游戏和分享,比如"谁是卧底",一场游戏可以 5 个人左右参与进来,每人描述一句,谁发言谁开麦克风,既保证了参与的同学多,也保证了趣味性。分享主要是视频、图片或发言,比如美食、旅行、观影感受和学习经验分享等。

同学的心理问题似乎越来越多,不管是线上线下,总会有同学陷入心里郁闷,抑郁的苦恼中。这里不谈背后的原因,只谈从班主任这个层面上,我们能做什么。个人认为,从"宽"对待,从"众"处理。就是面对心理出现问题,情绪出现波动的学生,作为班主任,我们应该宽容地对待,像对待普通同学一样,不能让他感觉到老师的特别对待,更不能让同学们觉得老师在特殊对待他。我知道我叙述得好像绕口令,这也充分体现,我们班主任在对待心理出现问题的学生时既要关爱和小心翼翼地处理问题,同时不刺激学生,宽容地对待,但是也要从"众"处理,就是内心会考虑到他的实际情况,但外表不让他感觉到自己在对他宽容。

同学 L 站在人群中就能看出和其他同学不太一样,个子很高、表情很冷、课间在楼道几乎看不到与谁并肩而行,没有朋友,独来独往且失眠,有黑眼圈,说一些奇奇怪怪的话,休学复学,喜欢哲学,种种迹象表明,他不但和同学不相处,和父母也不来往,拒绝和人长时间接触。面对这样一位同学,我不确定自己能不能跟他合得来,不确定能不能对他有帮助。但我告诉自己,我不能戴着有色眼镜看他,我也不能忽视他的存在,我要把已经了解到的关于他的情况忘掉,去了解、去包容、去改变。在一次次数学课中,他经常"当啷"一句打断我讲课,问问题从来不是举手起立,而是直接坐在座位上张口就问。交作业也是看心情,想交就交,不想交就不交。课上情绪不好了,说睡就睡了,干脆不听了。迟到也是常有的事情,父母也管不了。很难想象他的生活。我像教小朋友走路一样,教他有问题要举手,尽量让老师说完话再举手,起立问问题。课堂上,面对他不间断的举手,我没有打断他,每次都和蔼可亲,在同学们诧异的注视中耐心回答他一次又一次的问题,渐渐

119

地可以和他开一些玩笑。这个孩子非常喜欢深挖一个问题,一道题如果有思路,会在这个思路上努力地行走,即使这条路上只有自己,如同他的生活,我想他是喜欢这种沉浸其中,独处寻找的感觉吧。作为老师,我也只有尊重和不打扰。他不按常理出牌,问题很刁钻,即使有时候我觉得不值一问,我也耐心解答,生怕我的一个小冷漠,熄灭他向老师靠拢的心意。于是,这个不敢开口的少年,问的问题越来越多,哪怕是半夜他也会问问题,似乎以问题代替师生的对话,我想也是一种交流吧,至少这种交流让他感觉很放松,也有一丝开心。一个很长的假期回来,我发现他头发特别长,要按以往,老师让他理发,他肯定是不理的。"头发太长了,找时间理一下,看着不利索",这完全是朋友的口吻,我这样说,别的同学也在看着,我觉得其他同学能感觉我和他相处不错,也的确,我不讨厌他,我也不喜欢别人讨厌他,我在纠正他不合适的地方,我试图让他生活得轻松,让他感觉他和大部分同学一样。老师不是心理医生,在面对心理波动很大,情绪波动很大的同学,我们没有心理专家那么专业的知识和办法,我们能做的,就是在我们视野范围内,时间范围内,能给他足够的尊重和理解,积极引导他放松,不那么愁苦,在他愁苦的时候能听他诉说。也要积极引导周围的同学,善待他,善待每一个需要帮助的同学。

原来在线下,班主任随时可以回班级看看同学们上课的情况,遇到上课不专心,违反纪律,犯困的学生,班主任的一个眼神,就管大用了。现在在线上,班主任对着屏幕,再怎么使眼神都不好使了,因为你看得见学生,学生看不见你。这就要求班主任要充分利用班会时间,要充分利用每一次和学生沟通的时间,要在课堂上树立好的学习榜样,要多角度分享正确的价值观,要在学生精神懈怠的时候打一剂加强针,要在学生与家长闹矛盾的时候进行心理疏导,凡此种种,完全转变了工作方式,也增加了工作难度。

一天,W 同学没来上课,和家长微信沟通后才知道,孩子和大人吵起来了,妈妈说他想自己去另一个房子单独上课、单独住,家长没同意,孩子赌气说不上课了。我表示支持,我还说,绝对不能让他自己去,手机就是个大问题,我还鼓励家长不能屈服。时间一点一点地溜走,一节课,一上午,说实话,我觉得下午应该会来,结果也没来,到了晚上,家长和孩子都没有消息,我有点坐不住了,我感觉不对劲。因为这个孩子和我关系很好,平时沟通也挺多的,虽然说脾气大点,但绝对是不惹到他,他不会生这么大气的。先问了家长,孩子还生气吗,家长回答还在生气。后问了学生在干什么,为啥没来上课,打算什么时候来。经过了解,事情不像妈妈说的那么简单。疫情原因,静态管理,一家三口都在家,爸妈不上班,他上学。爸妈都是名校毕业,高中阶段学习很厉害那种。两个大眼珠子盯着一个孩子,越看他学习越上火,发现的问题越多,教育的话越密,矛盾越明显,最后激化。孩子说,自己学习,爸爸总在边上说风凉话,一来二去他就有点烦了,想清静一下,正好家里还有一个房子在同一个小区,也能住人,于是跟妈妈提出想去那个房子学习。妈妈不放心他一个人去房子,怕他一直玩手机,也怕他饿着。因此妈妈这边阻止他去那个房子了,而爸爸那边又干扰了他学习,父母都站在他的对立面,怎么办呢?于是他干脆不上课了,僵持了一天。到晚上了,也不知道如何解决,我还不能告诉他,他的妈妈已经联系我了。老师总处于这样的境地。我还在担心中,一条微信消息过来了,是学生发来的。"李老师,您能给我出点题做做吗?""不能,一天没来上课,也没告诉我原因。"于是,师生之间的聊天,由此开始。我不想告诉他怎么做,给父母道歉啊之类的,我只是表明了我的态度,我说:"如果是我,我也不会同意你去那个房子的。"他没有回话,我知道他听进去了,因为第二天他来上课了。

处理学生问题就是这样,不着急一时,不一定非要分出谁对谁错,只要他知道老师的心,领会老师的意,达到教育的目的就可以了。特别是处理学生和家长的问题,一定以家长为中心吗?必须以学生为中心吗?我觉得把握好学生的脉搏,不能完全相信家长的话,要两头听,综合双方陈述,加之过往对学生和家长的了解,事情就会串联起来了,真相自然浮出水面。此时的班主任是"警察",是调解员,是谈判专家。人之常情,双方发生矛盾时,都觉得自己没有错,如果当时就觉得自己错了,那也就没有矛盾了。教育学生,特别是不见面的网络沟通最难,通过文字,我们无法确定网络那端的学生是否听进去老师的教导,他的反应如何,震撼到了没有。我们只有通过教育之后学生的行动去分析,是否达到教育的目的。原来在线下,会有晚自习,学生一天的学习时间可以得到保证。现在在线上,没有晚自习,学生的学习时间缩短,线上上课的效率肯定是低于线下的。在这种情况下,我本着学生自愿参加的原则,组织学生课后自习。每天早晨40分钟,每天晚上90分钟。希望通过自己的监督,能够尽量保证线上和线下一样的学习时间,甚至为了营造氛围,下课时我都用和学校同样的下课铃声。

原来在线下,课堂上说话的同学数量只有两三个人,老师发现后及时制止,这事也就过去了。现在在线上可以一帮人说话,只需一部手机,一个小群,这边摄像头里面看着是在听课,其实那边聊着天。特别是假期预习了新知识的同学更加松懈,觉得上课简单,三五好友成双结对地聊天。班主任发现后,"拨乱反正"的难度就大了。对于这种情况,一定要及时止损,和家长紧密联系,和班委紧密联系,想办法纠正学生错误思想,争取最短的时间拆散"团伙"性聊天群。

二、线上上课的负面案例

Z同学,头脑灵活,线上上课恰逢父母上班不在家,自觉性偏弱,上课时间和同学聊天,不好好上课。因为假期有过预习的经历,所以开学一周两周的学习内容对于他来说比较简单,课堂提问也好,写作业也好,一时半会发现不了问题,因为他能回答上问题,写得好作业。但是通过线上巡检课堂,我发现他不好好听讲,大家认真盯屏幕看老师板书的时候,他自己偷偷乐,即使不乐,眼睛也不看屏幕。我录了一段他上课嗤笑的画面发给他,说了一句话:"透过这个画面能看到不同的风景,今天老师恰好看到认真学习的你,学习使你快乐。其他同学都盯着屏幕看,愁眉苦脸,只有你乐在其中,低下了高贵的头。"我删掉了他的微信,那一刻我觉得他没有同我走在共同奋斗的路上,我不想做"老好人",我想向我的学生传递,老师也是有情感的,也是有个性,也是很酷的。我不想一味迁就,我觉得学生犯错就必须受到一定的惩戒,必须有正确的导向才可以。而且 Z 同学从初中开始就身经百战,一般的办法是无法打动他的,我不给他解释的机会,果断删掉微信,我希望经过一段时间的教育、引导、感受后,他最好的解释就是承认错误。很明显,他最近对我带着情绪,无法正常沟通,更别谈解决问题的。这些都是后来和他妈妈聊天中了解到的。在课堂上我也发现他不对劲,给过几次提醒,后来发现没用。她妈妈在家也管不了。用他妈妈的话来说,就是"又想上进、又不自觉、又不想被管",整个人的状态都是松散的。拯救 Z 同学计划,开启。首先,增强他在班级的存在感,组织班级活动,让生活忙起来。"同学们,自开学以来,一直处于线上上课的状态,彼此之间的交流太少,为了给同学们创造互相认识的机会,提供一个展示自我的舞台,本周班级作业:周五班会课之前每人发一个自我介绍的视频。要求:画面清晰,1 分钟以上,内容可以为对于学习生活的态度、理想、兴趣爱好等。"我发这条消息的时间正是发现 Z 同学课堂有问题,与家长沟通后的时间。通过这个活动,既了解全班学生,也提醒他不要放弃梦想,也让 Z 同学看看,在他的周围依然有很多苦苦追求梦想的同学。然后安排中英文励志话语分享活动,喜欢的歌曲分享活动,通过课堂提问 Z,调查与他聊天的同学等,不进行正面教育,同时将自己的办法与家长分享,让家长配合,保密工作做到位。转天上课,我持续关注 Z 的变化,课堂上变得积极了,物理课回答问题、提出问题,水准较昨天有很大提高。数学课上,我故意一个地方讲得含糊,他也提出了质疑。我抓住这个点,"同学们发现老师讲题的含糊,立即提出了质疑,表达自己的情感,同时也想帮助老师改正。相反,老师发现同学上课的时候出现问题,第一时间也是带着情绪想要纠正他。这些都是在你和我都认真对待上课这件事的情况下,如果不认真就不会发现这些问题"。大家可能觉得,这些和课堂纪律有什么关系呢? 和他上课聊天有什么关系呢? 我觉得,一个学生的行为状态完全取决于意志品质,意志品质不坚定,思想状态腐化,又怎么会有学习的一方晴空和一方宁静呢。救人要救心,我能理解 Z 的问题,一个特别活泼的人,又怎么会安安静静地读书呢? 他一定会在某一阶段有问题。一个重情重义又比较单纯的人,很容易被外部的环境所感染,他接触很多好学校的学生,他看见的就是不完全把心思投入学习,依然能够取得好成绩的学生。单纯的背后,就是轻易地相信。作为班主任,让他认清事实,脚踏实地,也是非常有必要的。于是,一次突击小练习诞生了,我对他的题格外照顾一下。同时课堂提问多找和他关系好的同学,建立外围的暖炉,让他和好朋友聊天,听到的感受到的都是老师的关心,以及在这种关心下自己的成长。接下来,几天后要提问他了,看看课堂表现怎么样。然后我给他的好朋友安排任务,让他和 Z 同学谈心谈话,正面引导。最后和老师承认了错误,立志学习一段时间,然而好起来的 Z 同学,班主任也不能放松对他的监督和管理,今后发现松散的状态,要提前介入。我也嘱咐家长,提前"报信"不要耽误战机。今后的某一天,我再布置任务给 Z,深挖内心,总结过往,和同学们经验分享。

其实我自己也在反思,因为自己对他实在是太信任了,信任的前提就是开学的发言,Z 的发言是我唯一表扬的,他说:"我要努力,我期望在全区的期中统考中,取得好成绩,为学校争光。"我觉得,他有情怀,有头脑,有满满的正义感,一定会踏实学习的。于是放松了与他的沟通还有监督。岂知一个青春期的孩子,一句两句的热血是持续不了多久的,动摇也是这个年纪的特征啊! 所以,作为班主任,要全面观察,理性观察,时常和重点同学保持联系,时常要统揽全局,不忽视不弱化对任何一个同学的管理,才能保证,承载梦想的小船,缓缓开动,稳步前行,加速冲刺。

三、线上教学需要其他方面提供帮助

作为班主任,虽然疫情给我们带来了很多不便,工作难度也加大了不少,但是如果我们因此而停止奋斗的脚步,不去想办法突围,那我们真是被疫情打倒了。我们是天底下最小的主任,却承载着太阳底下育人的重担,我们托住的是班里几十个家庭未来的希望。高中是一个人人生走向成熟的重要阶段,这三年的回忆、沉淀、积累、升华,将助力学生成为一个大写的人、合格的人,有骨气、有底气。所以,我们不能停止奋斗的脚步。三尺讲台书写我们的青春,方寸黑板挥洒我们的汗水,无数个黎明,无数个静静深夜我们批改作业,我们不知疲倦地守护我们的精神家园,为的就是在教育前行的路上留下我们无比动人的背影。在线上上课期间,涌现出许多值得歌颂和传承的故事,无数个班主任和我们一起并肩击掌,所以我们不孤独,我们有力量。我相信,只要肯想办法,只要肯下功夫,只要我们无畏困难,一切都会向着美好出发。

对于家长而言,他们是班主任教育路上最好的盟友,我们目标一致、方向一致、行动一致，我们同心才能断金，我们必须联起手来，与"敌人"展开一场漫长的、困难的斗争在无情的网络两端"严防死守""攻坚克难"，本着绝不向困难低头，绝不饶过"恶势力"的决心，打"黑"除"恶"，拯救"落后分子"，打造"积极分子"，成就一片蓝天的赤诚，承担监督、管理、引导、铸造的重任。我知道有些客观因素横在那里，比如家长需要上班，比如电子产品的无缝侵入，比如个人意志的转移……但是教育孩子，作为家长有不能推脱的责任，我们不能逃避，我们别无选择，我们必须做好！

对于同学而言，立身以立学为先，立学以读书为本。千里之行，始于足下。非学无以广才，非志无以成学。高中阶段的你们处于学习的黄金期，有精力有能力去完成这一阶段的任务，祖国的发展，家庭的幸福，个人的追求，未来的每一天都需要知识的力量。我们不能保证一切都顺利，我们必须壮大自己，哪怕遇到风险遇到变化也能有足够的实力去面对，去解决。疫情无情，暂时的线上上课，就好比给我们出了一道题，前所未有的一道题，我们应该勇敢面对，争当先锋。把线上课上好，自我约束，勇敢追求，不觉得这是困境，应觉得这是无情的疫情对热血的我们的考验。未来的中国，需要一批勇敢、坚强、有创新能力、有合作精神、有担当的精神的你们，你们是祖国未来的希望。振作起来，强大起来，自信起来，在老师的引领下，在自己的努力下，让家长放心，让老师放心，上好线上课。

协同育人：
班主任与家长的沟通之道

教育家苏霍姆林斯基说过："最完备的社会教育是学校教育和家庭教育的结合。"其中，班主任和家长的沟通是重要环节。高中班主任和家长的沟通是一种教学信息沟通，主要围绕着教学任务和学生成长有关问题进行信息传递。一般来说，高中班主任和家长之间的沟通具有以下方面特点：

第一，主体固定性。高中班主任和家长之间的沟通是一种双向沟通，沟通的主体非常固定，一方是班主任，另一方是学生家长，学生家长中包含学生父母、祖父母，还包含学生其他的法定监护人。在沟通过程中，班主任常常起到主导作用，这主要是因为班主任是受过专业教育培训的人士，在沟通技巧和信息方面都掌握优势，在沟通中往往可以起到主导的作用。

第二，目标明确性。高中班主任和家长之间的沟通以教育为本，以促进学生全面成长为目标，这使得沟通目标非常明确，所有的沟通活动都围绕着这一目标来展开。

第三，内容全面性。由于高中生心理趋于成熟，在行为和思想方面更加具有自主性，因而并不会盲目顺从班主任的各种思想，也不会盲目顺从家长的思想，有摆脱学校和家长束缚的心理倾向。正是由于高中生具有这方面特点，高中班主任与家长之间的沟通会从心理、学习、关系等各个方面进行交流，沟通内容更加全面。

第一节　家长与班主任的沟通现状

高中阶段是学生成长的关键阶段，学生面临着高考压力，无论是班主任还是家长都需要加强对学生的引导。通过家校合作加强班主任与家长之间的沟通，是确保学生健康成长的一项重要内容。美国教育学家将教育学、社会学以及心理学进行结合，把影响儿童发展的组织扩大为学校、家庭和社区，并在构建家校合作的基础上提出了重叠影响阈理论。重叠影响阈理论指出学校、社会和家庭对学生的发展以及教育有共同的责任，三者之间相互影响，对学生的经验、价值观以及实践发展有重要作用。

传统的家校合作观念认为，家庭教育和学校教育是分开的，只有当学校教育和家庭教育分离时，他们才能各自承担自己的职责，这样才能使教育效果达到最佳。但是新型的家校合作关系强调家庭和学校是平等的，重视在教育中共同承担责任和义务，其主要关注学校、家庭潜在影响的重要性，并且社区对学生的教育也不是孤立存在的，学校、社区、家庭之间的效应是重叠的。学生成长的家庭、社区以及学校共同承担着对学生管理教育的责任，他们对学生的成长影响交织在一起难以分开。

重叠影响阈理论提出了六种家校合作的模式，分别是志愿服务、互相沟通、良好的父母关系、参与决策、社区合作以及家庭学习。随着社会文化逐渐开放，高中生所处的社会大环境也越来越复杂，学生容易受到不良因素的影响，由此传统的家校合作难以适应新的社会环境的变化，而重叠影响阈理论倡导的新型家校合作关系，可以帮助学生应对未来社会环境所带来的变化，促进学生的发展。

一、家校合作的意义

（一）帮助学生树立正确的观念

有很多除了学校和家庭以外的因素影响高中生的成长,外来的不健康的价值观,潜移默化地影响学生的行为和思想观念。为此班主任和家长在展开教育时除了让学生努力地学习文化知识,还要帮助学生树立正确的人生观、世界观、价值观以及思想观,要让高中生在健康的环境下成长。高中生已经具备了自己的思想观念,但是对一些隐晦的不良观念还是难以分辨,一些不文明或不道德的现象都会对高中生的成长产生不利影响。班主任要通过家校合作的方式对学生进行正确的引导,让班主任和家长形成教育合力,向一个良好的教育目标培养学生,让学生健康地成长。

（二）促进学生的全面发展

高中生的教育不能单单地依赖学校教育,也不能单独依赖家庭教育,需要家庭、社会和高中班主任产生教育共鸣。在传统的教育中不管是学校还是家长都将教育重点放在了学生的文化知识学习上,这样的教育方式失之偏颇且不满足现代教育的目标。家长和班主任要把目光放在孩子的身心发展上,当高中生出现问题时,家长和班主任都要及时了解学生的问题,并针对学生的问题进行处理,尤其高中生的学习压力很大,如果不能及时解决,那么这些问题都会变成压力累积在学生心中,久而久之学生很有可能出现因为承受不住学习压力而心理崩溃的情况。

班主任和家长要共同了解高中生内心的真实想法,在与高中生进行交流时要不断完善学校教育和家庭教育中的不足,从文化知识学习、生活,以及心理发展等多方面共同入手给予高中生正能量,帮助高中生以正确的方式缓解学习、生活压力,让高中生以健康积极的心态面对学习与生活。这样不仅可以教会学生正确的学习态度，还能让学生树立正确的生活态度，对学生的身心健康发展有重要作用。

二、班主任与家长沟通中存在的问题

（一）沟通环节不够科学、合理、完善

第一，沟通方式单一。在班主任与家长的沟通中，一些班主任非常依赖电话或者微信等现代手段，沟通方式非常单一，忽视了家访或者面谈等方式，也忽视了学生存在的差异性，不利于解决每个学生的个性化问题。

第二，沟通频率不高。班主任的工作非常繁忙，时间并不充裕，既要完成教学工作，又要完成班级管理工作，可能会出现时间分配冲突的现象。为此，班主任更多通过微信等方式与全体家长进行沟通，与家长个体沟通的频率并不高。同时，一些班主任将沟通时间集中在工作时间，并没有考虑到家长的实际情况，影响了沟通效果。

第三，沟通时间非常短。调查显示，班主任与家长之间的沟通时间非常短，大部分时间都控制在 10 分钟之内，而这点时间很难将问题说明白，双方之间也很难有效地交换想法，最终会影响到沟通的效果。

第四，沟通对象过于集中。目前，班主任更多是与学习成绩极好或极差，包括发生了重大问题的学生家长进行沟通。

（二）沟通主体区别较大

第一，理念区别较大。在进行沟通之时，班主任对于学生都能有正确而客观的认知。但是，一些学生家长过于关注学生的考试成绩，将考试成绩视作生命，所有问题都围绕着成绩来展开，这可能会导致班主任与家长由于理念冲突而出现沟通问题。

第二，专业知识区别较大。很多班主任都接触过系统性的教育学和心理学知识,并对自己所教学科及学生有系统认知。但是,很多家长缺乏专业知识,部分家长对于学习规律并不了解,缺乏理性思考,而且家庭教育方法也不够科学,这些都导致班主任与家长之间出现沟通障碍。

第三,思维方式不同。班主任一般都会对学生进行整体观察,对学生的评价也客观。但是许多家长望子成龙、望女成凤,过于关注自己孩子的优点,尤其是一些文化程度较低的家长溺爱自己的孩子。在班主任与家长沟通的环节中,很多家长都不愿意承认自己孩子出现的问题,导致班主任要用很长时间来解释事情真相,影响了班主任与家长之间的沟通效果。

（三）沟通工作的计划性不强,制度化程度不高

第一,计划性不强。在每个学期,班主任都会制定出非常详细的工作计划,但是并没有制定出与家长沟通的计划,家长沟通计划非常单薄。

第二,制度化程度并不高。高中的一个特点就是各项学习制度都非常健全,但是并没有完善班主任与家长的沟通制度,导致了班主任与家长沟通没有完整制度化的构建。

三、班主任与家长沟通存在问题的原因

（一）学校方面

1. 家校合作不够完善

（1）家校合作目的不够明确

家校合作的真正目的是协调家庭教育与学校教育之间的矛盾,共同培育学生。但是,现阶段高中家校合作更多让家长配合学校的教育工作,只是为了升学服务,偏离了原有的目标。

（2）工作机制不够完善

当前,很多中学都没有建立起完善的家校合作工作机制,各项合作没有

制度化、规范化,加上合作依旧存在着形式化嫌疑,并没有充分发挥出家校合作应有的作用,从而影响到家校合作的深度。

(3)班主任结构有待合理

在班主任队伍中,青年教师是主力。学校让青年教师担任更多责任,促进青年教师发展,将很多青年教师提拔成班主任,使青年班主任比例有了明显提升。但是,很多青年班主任的工作重点都集中在教学方面,并没有过多地重视与家长之间的沟通,影响了班主任与家长沟通的质量。

2.社会方面

(1)受到应试教育观念的影响

受到高考影响,教育呈现出非常明显的应试化特点,一考定终身的理念依旧深入人心,尤其是我国推行双一流大学建设规划,高考竞争变得更加激烈,应试教育是家长和班主任沟通过程中无法逃避的话题。

(2)存在非常严重的社会教育功利化现象

在沟通过程中,班主任和家长都有非常严重的功利化现象,两者之间沟通最关注的依旧是学生的考试成绩,对于其他问题常常视而不见。在沟通过程中,家长也存在着迎合班主任观点的想法,同时对于班主任所提出的一些正确的但是与学生成绩无关的建议常常只是口头答应,在实际中并不会执行。

3.班主任方面

(1)班主任的综合素质有待提升

班主任综合素质内容繁多,既包含扎实的教育理论知识,也包含较好的人文素养和专业能力。在实际工作之中,很多班主任更加重视专业知识的学习,在心理学和教育方法等方面的学习相对薄弱,直接导致了班主任在与家长沟通方面缺乏必要的沟通技巧和能力,在重点问题沟通之时始终存在着沟通不畅的现象。

（2）班主任与家长沟通的主动性和技巧性有待进一步提升

美国著名人际关系学大师卡耐基说过，"如果你是对的，就要试着温和地、技巧地让对方同意你。"当前，部分班主任缺乏主动沟通的意识，很多班主任只有出现问题时才会与家长沟通。同时，对于来自家长的主动沟通，很多班主任并不会积极回应。

四、高中班主任与家长沟通的建议

（一）学校方面

为了让班主任和家长之间更好地沟通，学校需要加强家校合作，构建家校合作工作机制，明确家校合作的目标。比如将提高学生的综合素质作为双方之间沟通的目标，而不是以升学作为双方之间沟通的目标，这样才能够促进学生健康成长。同时，学校需要不断完善班主任结构，增加年长班主任的比例。年长教师具有非常丰富的教学经验，他们知晓如何与家长进行沟通，了解家长关注的焦点，这对班主任与家长合作有良好的促进作用。除此之外，学校还需要加强对班主任的培训，使班主任掌握与家长沟通的技巧，不仅有助于提高班主任教育的质量，还有助于提高家校合作的质量。

（二）社会方面

第一，改革应试教育，弱化应试教育理念。为了推进素质教育，需要对当前的高考制度进行改革，改变一考定终身的思想，对高考制度进行完善。为此，需要以素质教育作为指导思想，以提高学生素质作为最终目标。第二，减少教育功利化现象。教育必须以育人为本，不应当成为赚钱的工具，要减少教育功利化现象，在社会上树立起教育与培养人才为本的思想。因此，不能只看学生的考试成绩，还要对学生的其他行为进行评价，提高学生的综合素质。

（三）班主任方面

第一，不断提高班主任的综合素质。为了增强班主任与家长之间沟通的有效性，班主任需要提高自身的综合素质，加强沟通方面的知识经验积累，有意识地加强与家长之间的沟通，掌握更多的沟通技巧。第二，主动与家长进行沟通。巴纳德的管理理论中提到："管理者的最基本功能是发展与维系一个畅通的沟通管道。"为了增强班主任与家长之间沟通的有效性，班主任需要主动与家长进行沟通，了解家长的想法，同时将自己的想法阐述给家长，加强双方之间的沟通交流，增强沟通的有效性。

五、在实践中与家长合理沟通

班主任在带班的过程中，不管是日常工作的通知，还是学生出现问题，都需要和家长沟通，避免不了的要和家长打交道。不同的人聊天也好，解决问题也好，方式方法都不同。我所遇到的家长有以下几种类型：

一是特别配合班主任工作，能起带头作用的家长。这种类型的家长，你在家长群说啥，提啥要求，都第一时间回复，表明态度，全力配合，积极完成，能起到一定的带头作用。甚至有时候会提醒班主任一些点点滴滴，想得比较周全，乐意为班级做贡献，也知道心疼老师。这样的家长，是非常受欢迎的。往往这样的家长，教育出来的孩子也是比较尊重老师的，品质都比较好，学习成绩也不错。

二是"小透明"的家长。不和班主任做过多交流，甚至不交流。按部就班地完成家长该做的事情，纯纯的"不求有功，但求无过"的心态。我发现我作为家长，我也有这种心态，不是不想为班级做贡献，而是怕自己做不好。我成了家长之后才理解。这之前的我是不理解的，总觉得这样的家长不关心孩子学习,不主动参与班级建设,不关心集体,不想与老师成为朋友。其实,不应该这样。我们教育学生要合理表达,积极参与,拒绝"小透明",从家长做起。家长如果有什么想法意见,孩子在家有什么表现,要积极地和老师反映,不要不沟通,有事情一定要沟通。

三是"表面风平浪静,内心波涛汹涌"的家长。家长群是个好地方。我的孩子上了中学,我成为家长群的一员。真正地走进后方,深刻地凝视家长们对学校班级各种事情的真假虚实反映.当然,我并不戴着有色眼镜看问题,但的的确确看到了另一面。有一些家长,在家长群畅所欲言、热火朝天、激动万分,不是抨击学校就是各种反映意见,但是在学生群却是风平浪静,一副"老好人"的人设。

四是"不找自己原因,专挑别人毛病"的家长,怨气颇重。自己的孩子出现问题,避开不谈,推卸责任,问责学校。这样的家长,没有成为老师教育孩子的帮手或盟友,总是站在学校的对立面,一味给孩子找借口。与这样的家长沟通,很多话都不起作用。

根据不同类型的家长,我也总结出了一套"应对"之道——提前布防、以诚相待、见招拆招。

(一)对待特别配合工作的家长,要感恩

毕竟,家长配合不配合我们的工作,对我们工作的开展顺利与否,有直接的关系。如果家长配合,我们实施惩戒、奖励等,都会收到非常好的效果。因为家长和老师是站在一条线上的,标准统一,会给孩子一个正确的是非观。学生也会更加认可班主任。特别配合工作的家长,也会帮着班主任做好多事情。一些政策的解读,一些是非的表态,一些工作的参与,一些无私的付出。有些话,班主任说家长会乱想;有些话,班主任不说家长说,会引导良好的风向标。所以我们的班级工作,需要家长的配合。如果班级每一位同学的家长全力配合班主任的工作,那这个班肯定好带很多。所以我们要感谢配合工作的家长,感恩遇见,感恩他们用行动支持班主任的工作。

我曾经遇到一位特别配合学校工作的家长,班级工作他会献计献策,有什么任务抢着完成,只要需要他到学校,绝对不推辞。把班级当成自己的家,默默地为班级奉献着。他和我说,他和孩子之间沟通不畅,上了高中之后,经常是孩子回到家吃完饭,把门一关,家长进卧室必须敲门。家长非常苦恼和孩子的亲子关系。我了解情况后,制定了一系列协调亲子关系的策略,家长都一一配合,最后缓解了亲子关系。比如,一起散步不唠叨,投其所好买礼物,不谈学习谈生活,忆苦思甜看相册,留言条上暖洋洋等。

一方面是特别配合的家长,一方面是在学校表现良好的同学。说实话,他们的亲子关系给我的冲击还是很大的。所以,不是所有配合工作的家长都是家庭教育的高手,作为班主任,了解情况后也要及时伸出援手,帮忙解决问题,看问题不能只停留在表面。我想给予配合我们工作的家长以帮助,也是我们回馈的一种方式。

(二)对待不配合的家长,我们必须有明确的态度

老师和家长看待问题的角度和解决问题的方式偶有不同,可以理解,但绝不等于我们一定要放任家长。当我们遇到不配合工作的家长时,我建议大家首先从自己的工作方法和沟通方式上反思、确认自己的工作有无失误。再从对方的角度分析问题,更要"掰开揉碎"去讲,要向对方表达明确的态度,原则性问题绝不退让。有的人会觉得班主任要一味宽容有爱心,班主任要大度,我觉得这就算道德绑架。班主任也是有血有肉的人,也需要被尊重,如果家长不配合工作还表现出对老师的不尊重,那班主任不必妥协,可以暂停双方的谈话。让家长先反思自己的方式方法,换个时间再谈。我们必须守住道德底线,捍卫师道尊严。

（三）对待"表里不一"的家长，要"敲山震虎"

主要也是针对表面配合，背地反对的家长。一个问题的出现，一件事情的解决，要追根溯源，考虑学生的家庭教育、亲子关系等是否出现了问题。如果发现，必须一针见血、开门见山，不能遮掩谈话，必须把话说透说全。对待表里不一的家长，我们的说透说全将是对他最好的提示，提示他不要和老师要心机，老师的无私奉献是摆在明面上的，经得起推敲，家长如果不配合，对我们教育孩子非常不利。

（四）对待"没事找事"的家长，要掌握好第一手资料

有的家长消息特别灵通，知道很多学校的消息。他会把别的学校和自己孩子所在学校的工作进行比较。比较过后，会主动联系老师，指出他认为是因为学校工作某方面不好，导致孩子出现问题。我觉得，班主任在日常繁杂的工作中，必须保持一处清醒，即班级日志。大家可以把班级重要的事情，或者经常犯错的学生，种种情况做好记录，形成班级日志。同时，对学校涉及班主任工作的内容要掌握详细。一旦遇到这种类型的家长，因为我们工作细致、准备充分，我们可以给家长最正确的解释和最完美的解答。一两次过后，你都能给他的"没事找事"以合情合理的解释，我想这也是一个很好的办法。

我们不想和家长成为敌人，只想成为朋友。班主任和家长是"同盟军"，一起联手教育学生，我想一定会收到良好的效果。家长是学生的第一任老师，教会孩子生活技能，赋予孩子品格。班主任是关爱学生的保护神，班主任牺牲自己时间，为学生奉献的故事数不胜数。家长关注孩子在学校的动态，也属正常。但个别家长却"鸡蛋里挑骨头"实属不该。班主任和家长之间应该互相理解、互相监督、互敬互爱、互相提醒、温暖彼此。

第二节 家长会:班主任与家长沟通的主要方式

苏霍姆林斯基指出:"学校和家庭是一对教育者。"而家长会就是沟通家长与学校,协调班级与家庭教育,使家庭学校都来关心孩子身心健康的一种重要的教育形式。

我们召开家长会必须遵循有利于孩子们身心健康,坚持素质教育,有利于老师与家长、学生的相互交流与协作等原则,使家长能够正确对待学校传递的关于孩子的在校信息,积极配合学校做好教育工作,及时化消极因素为积极因素。因此在组织召开的时候要注意家长会的各个细节。

一、传统意义上的家长会模式

(一)告状式家长会

在开家长会的过程中,班主任始终就班级里出现的问题学生和班级管理难题大肆批评,给学生和家长加压,企图通过这样的手段为以后的班级管理谋一条道路。

(二)报告式家长会

一个小时的家长会,班主任一个人就班级的组成,班级开学到现在获得的荣誉,班级管理中班主任所做的事情等情况滔滔不绝,如同在做报告,家长听得昏昏欲睡,恨不得提前逃离会议。

(三)娱乐表演式家长会

有的班主任对家长会进行了改革,整个家长会就是由班级中几个得力的学生表演四五个节目,让家长欣赏,美其名曰"才艺展示",完全不知道家长会的目的不是邀请家长来看节目,而是共商教育大计。

（四）专家讲座式家长会

班主任邀请有名专家给家长做家庭教育讲座,但是讲座的内容和家庭教育的内容却又相距太远,离题万里。

二、传统意义上的家长会存在的问题

（一）形式单一

传统意义上的家长会都是老师在上面讲,家长在下面听,教师不能深入了解每个学生的具体情况,不了解每位家长的想法,结果自然是得不到家长的理解与配合。

（二）内容单一

家长会上教师讲的、家长关心的永远是学生的考试分数。这样的家长会完全违背了教育培养人、塑造人的本质目的。仿佛只要孩子肯学习,德可以不修,体可以不炼,万般皆无用,唯有分有用。

（三）角色颠倒

家长会的目的是加强家长与老师的沟通,家长应该是家长会的主体角色,但是传统家长会上滔滔不绝的班主任,明显造成了家长会主体角色颠倒。

三、家长会的"三变革"

家长会是教师和家长相互了解学生情况的重要平台。但是传统的家长会召开的时候,老师和家长都只注重考试的分数,而忽略了人的培养和教化。随着教育的发展,作为家校合作的主要形式——家长会,也必须进行改革创新。要调整教师评价学生的角度,从德、智、体、美、劳各方面评价学生,用发展性评价标准衡量学生,与家长共同探讨"帮助学生生活得更美好"的途径；要深入听取家长对学校教育的意见与建议，真正实现家校合作，增进家长对学校教育的了解，为家长了解孩子在校学习生活状况提供窗口，为家长间互相交流教育经验创建平台，也为家长与子女之间的交流开辟一条新的渠道。

（一）变革和扩展家长会上老师谈话的内容

班主任要将家长会的"成绩发布会"改为"成长汇报会"。改变家长会上只谈学生分数的现象，教师要明确教育离不开道德、离不开情感、离不开智慧。引导家长从家庭教育的误区中走出来。教师要通过家长会向家长全面汇报学生的进步、成长状况，让家长看到学生需要发展的不仅仅是智慧，学校的教育职能也不仅仅是智育。

（二）变革家长会的交流方式

班主任要将家长会的任务布置会改为激励鼓劲会。班主任要精心安排家长的座位，创设小组交流式的会议氛围，让家长带着疑惑来，然后带着经验和收获高高兴兴地回去。

（三）变革家长会学生的话语权

班主任要将"家长代表听会"改为"学生和家长同参会"，为学生、家长、教师创设共同交流的平台，让家长更多地认识孩子、欣赏孩子，而不是批评孩子、责骂孩子。

四、"新型"家长会主体角色的变换

新型家长会要求把家长从被动者变为合作者，从旁观者变为班集体中的一员。新式家长会的一个重要突破就是要将家长置于家长会的主体位置，让家长从旁观者变为参与者，从被动者变为合作者。这就要求班主任老师在每次家长会前，都要就会议内容、形式征求家长和学生的意见，提前说明本次会议的内容,让家长有备而来;家长会中,老师们应把时间、空间充分让给家长和学生,让家长们可以有机会了解孩子的情况,有机会倾听其他家长的教子经验与困惑,还可以有机会与孩子面对面地交流,参与对学生的教育,评价班级教育工作等等。

新型家长会要把学生请进家长会,让学生做家长会的积极参与者。新式家长会要求将学生请进家长会,在一个平等的环境中,让学生把成长中的喜悦、欢乐,在家长会中与父母一起分享;成长中的烦恼与忧愁,在家长会中与父母平等讨论研究。我们班级的一个学生说:"这次开的家长会,不管是从内容还是从家长回家的反应来说,都非常成功。家长希望多开这样的家长会,从不同方面了解我们的学习生活。我们也希望多开这样的家长会。家长回家后批评少了,鼓励多了。我认为这次家长会开得非常成功。"新式家长会中,学生不再是"被告",他们发展中的差异得到了应有的理解和尊重,即使是出现的一些问题和暂时的落后,也在友善的氛围中得到了帮助和鼓励。

五、构建家长会应遵循的原则

(一)学生和家长主体原则

现代教育强调以学生为主体,同样,也应该突出家长的主体性地位,增强他们的参与性,但班主任仍应该起到策划、组织和引导的作用。

(二)交流对话互动原则

变过去的教师、家长双方交流会为学生、家长、教师三方的互动会,以增强会议的对话性。

(三)会议主题明确原则

坚持"主题家长会"原则,争取一次会议有一个明确的主题,或重点解决班级里普遍存在的某个问题或青春期教育问题等。

（四）学生参与展示原则

使学生成为会议的"主人"。教师应尽量激发学生的参与热情，放手让学生参与会议的实际筹划工作。这样，家长会就由过去单一的教师、家长之间的教育交流会，变成既能进行教育交流，又能让学生在家长面前施展才华的舞台。

（五）多边快乐收获原则

让每一位参与者得到快乐与收获。作为一个与时俱进的班主任，要多采取有效的家长会交流策略，让家长从新颖的会议形式上获得某种心理满足，不仅可以提高他们参会的积极性，而且可以增进教师、学生、家长三方之间的和谐关系，从而有效提高整体教育效果。

六、构建家长会应注意的细节

（一）明确一个目的

首先要明确家长会的目的。通过家长会了解学生的家长及家庭情况，包括家庭的结构类型、成员及经济状况，家庭的氛围（如家庭和睦与否、家风情况等），家教状况（如对孩子是溺爱放任、粗暴严厉还是不闻不问，教育内容与方式是否恰当等），家长的文化水平、职业、性格、处世态度等。互相交流学生表现情况。家庭、学校是学生活动的两个最主要的场所。作为家长，很想知道学生在校表现情况；同样，班主任也想知道学生在家里的某些情况。因此，相互交流学生情况是家长会的重要内容。帮助家长提高家教水平，宣传有关政策，增进理解，消除隔阂、误会等。有了明确的目的，我们就可以围绕它来做相关的准备工作了。

（二）写好一个通知

召开家长会一定要提前一个星期通知家长，写好家长会的通知非常重要。要做到态度诚恳,中心明确,主题突出。切不可用命令式的语气通知。例如,有一个班主任开家长会前写了个短信通知如下:下周三下午 3:00 召开家长会。请你参加。看了这个短信,我估计不少家长可能就不来。因为家长不知道家长会要干什么,在学校哪里开。我们不妨修改成下面的文字:

尊敬的家长您好:我们学校期中考试刚刚结束,您一定非常关注孩子的成绩和孩子在学校学习生活的情况;孩子长大了,在家肯定会有与以往不同的表现,您可能也会有些问题想跟别人交流。请您下周三下午 3:00 在百忙中抽空到我们的教室(1 号教学楼三楼东一)参加我为您和孩子组织的座谈会。希望您来时能带上宝贵的教子经验,与大家分享。

(三)做好一个准备

要充分做好家长会的前期准备工作。对学生来说,我们可以让其准备好自己的作业本、试卷、周记等,要求他们将这些东西整整齐齐地摆放在自己桌面上供家长翻阅。这样,家长就能深层次了解自己孩子的学习情况,学生也会自觉认真做作业。同时,还可以让学生在周记里给自己的家长写封信,内容以学习、表现情况和考试成绩汇报为主,也可以是自己当着父母面不好意思开口说的问题等。

对家长来说,可以请家长做好出席会议的准备,真正做到个个通知到位,避免家长缺勤,或者学生请人代为出席的情况发生。班主任老师还应结合班内实际情况,确定本次家长会的主题。在发放家长会通知单时一并把会议主题、要讨论的问题印发给学生家长,使家长有备而来。

对主持教师而言,我们得准备好相关资料。这些资料主要包括三个方面,一是学生的家长及家庭情况资料,这样可以提高我们在家长会上发言的针对性。另一方面,就是学生在校各方面的表现资料。班主任老师要将与学生座谈的内容,以及和其他任课老师沟通时了解到的情况,进行记录并归纳梳理，让家长及时了解孩子的变化，针对具体症结，采取相应措施。最后拟好家长会的会议议程和自己在家长会上的发言稿或课件。

如果家长对孩子所在的班级不是十分了解，班主任可以将学生进校或进班级那一天起发生的有意义的事件做成视频播放给学生家长看，让家长通过视频了解学生在校园里的生活和成长的历程。

（四）创建一个环境

创建一个舒适的会议环境。教室要整洁，窗户要明亮，桌子板凳要纵横一条线，这是最起码的要求。最好摆一束鲜花，在黑板上写好"欢迎家长莅临"的字样，同时让学生做"家长辛苦了"的主题墙报。这样的环境布置，能够给家长以清爽、明快、亲切和受尊重之感，也为和谐的家长会提供一种平和的氛围。

（五）设计好一个片段

有了良好的前期准备，会议开起来就会非常轻松和顺利了。首先可以由班长或学生代表把基本情况精要介绍，要做到条理清楚，逻辑严密，有的放矢。作为家长会主持者的班主任还要注意腾出时间给家长，请家教方面非常出色的家长发言，进行家庭教育经验交流，让家长各抒己见，互相启发。还可请家长谈谈对学校，对班主任工作的建议和想法，以改进我们的工作。同时根据班上同学反映的情况，安排学生代表就学习方法和希望，以及对家长交流沟通的问题作发言，让家长听听孩子的心声，学会理解孩子，达到加深学生与父母之间的感情的目的。当然这期间要精心设计家长会中的片段。例如，班里出现了考试作弊问题，需要家长配合教育。北京育英学校赵旭新老师没有像以往那样批评学生或找家长，而是不动声色地让每个学生养一条小金鱼，一周后开家长会时带来。面对一桌子的鱼缸，赵老师说："我们今天要搞一个金鱼的评比。但不是比谁的鱼大，谁的鱼漂亮，我们是要比谁的鱼的的确确是自己养的。"在一片愕然的目光中,老师引出了诚实的话题。赵老师是要用这种特别的讨论式家长会,帮助学生提高对诚实的认识,同时使父母们意识到"分数"不是最重要的,应该首先关心孩子的人格塑造,与老师共同引导孩子学习做人、做事。老师在最后总结时说道:"刚才同学们都与父母进行了交流,我相信你们肯定向父母做出了后半学期的保证,而且你们一定是慎重提出的,负责任的……"最后,一次本来可能充满火药味的家长会,就以这样的形式给了家长和学生提醒和教育。

(六)做好一个指导

结合掌握的学生家庭情况,我们可以分门别类地进行有针对性的家教指导。指导学生家长要会爱自己的子女,使家长明白:家庭教育的缺乏和过度的爱,都会对子女的成长产生极为不利的影响。家长对子女的爱必须有理智,有分寸,只有这样,爱才能转变成伟大的教育力量,才能发挥其特有的教育功效。在个别谈话中,要讲究一点艺术,在向家长介绍学生在校情况时,要认真选择内容,面对家长时,教师心里一定要"装着"学生。一位家长曾经说过,老师眼中的好学生、中等生、"落后生",在家长的眼中,始终是好孩子。通过我们的个别谈话,帮助家长理解孩子,以一种健康积极的心态面对孩子,鼓励孩子重建自信,让家长对自己的孩子有信心、有希望。为学生创设一个良好的、和谐的教育环境。

(七)做好一个引导

家长会结束后,班主任老师要做好家长会后的引导工作,可以组织学生谈谈今天家长会后的感想,或写点体会和随笔记录下自己的认识,也可以引导学生就今天家长会的感想对自己重新进行认识和规划。我们的教育思想是关注生命,关注学生的成长。"开一次快乐的家长会",使每一位家长和学生高兴而来,满意而归——

这是班主任工作中努力坚持的理念。当班主任走进学生中间,将自己对教育事业的忠诚,对学生的关爱,升华为一种自觉的教育行动,就会产生一种激越、蓬勃的力量。

七、构建实践:不同时期家长会的主要内容提纲

(一)暑假前家长会提纲

总结本学期学生的表现。涉及学习、生活、体育、娱乐、线上、疫情等方面。

弯道超车(学习方面)。制定暑期计划,规律作息;认真完成老师布置的暑期作业,按要求上传(课代表);查漏补缺,落实高一,预习高二;劳逸结合;适当锻炼身体;完成德育作业,二维码自行上传(之后综评用);开学后会组织一次"暑期作业情况反馈"。

安全教育。可以结合德育处给的家长信,强调防溺水,交通安全,居家安全,防疫要求,校园欺凌(包括言语,行为,网络等,如果遇到类似问题及时向班主任反馈)等方面的问题。

防疫要求。离津返津双报备(学校和社区):离津填二维码,上交离津申请;返津填二维码,跟班主任报备。

假期班主任会对部分学生进行家访,届时请家长支持配合。希望同学度过一个充实愉快的假期。

(二)寒假前家长会提纲

中心思想:让家长知道时间紧迫,假期不努力损失很大,今后更要运用学校管理,配合学校工作,达成教育目的。

首先,家长要配合学校的工作。特别是成绩不稳定,自觉性不强的同学家长。学校的出发点肯定是为学生,有些学生不爱上课,但家长偏听信补习

班,不配合学校,其实伤害的是学生自己,连累更多的学生。钱花得也多,有的家长说一天估计 1000 元。但在学校上课又不花钱,而且上得好,出成绩,所以要珍惜在校的时间,高三能多上课,绝对是件好事儿。请家长相信,学校肯定会遇到问题解决问题,家长只要配合就好了。高三学生面对的是高考,高考是选拔性考试,是竞争性考试。高考对一个学生来说,很有可能是人生的转折,关系未来的前途发展。高考对家长来说,那是全家人的希望,所有的家长都望子成龙,望女成凤。目前我校已形成了科学的管理体系,精细化的管理程序,只要学生能够积极跟上节奏,最终都能取得良好的结果。

原来因为一些原因,晚课和周六课没上,家长都不同意,申请上课。所以那届考得非常好,人心齐泰山移。家长充满正能量,学生负能量就少。10 届、13 届、16 届、17 届考得好,那时候特别稳定,家长特别配合支持学校工作,怎么安排家长都配合。

其次,同学们要提高课堂效率,对自己负责。树立目标,努力行动。高三是为了自己,不是为了别人。不管今后有什么变化,会学习的孩子都是要抓住课堂。先听懂,再去练习。做好知识点只讲一遍的准备。高考考得比较全面,不能听不懂就放弃,要反复听。课上讲的都是考点,全部都要掌握。记好笔记。

再次,跟家长强调日常安排,特别是早晨。不要迟到,重视孩子出勤,珍惜在校时间,无特殊情况,不得请假。实在不得已,能请半天不请一天,能请两节课,不请一上午。高三学习时间紧,在学校的安排是非常紧密的,缺一天的课,使孩子学习有欠缺,首先在心理上感觉被落下,影响学习自信。

最后,保持四个稳定。家庭环境的稳定。在高中最后这一年,家里环境一定要稳定,做孩子学习的支持者。要创造一种有利于孩子生活、学习的环境,保持家庭整洁、有序、安静,家长们努力去改变自身的生活习惯,少一些争吵，少看几次电视，少打几次牌，少喝几次酒。多看书、多学习，给孩子树立榜样，给孩子最大的心理支撑。家长情绪要稳定。有些家长比较急躁，不能与孩子进行良好的沟通。班级要重视出勤，不能打架、吸烟，班级是大家的，不能影响大家宝贵学习时间。年级要稳定，因为年级稳定了才能形成良好的学风。

（三）高三模拟考成绩下分家长会提纲

1. 成绩分析

（1）分数线；一本人数及名单；本科人数；二本人数。边缘生名单，包含一本边缘，二本边缘，本科边缘。表扬进步大的同学，提出期望。成绩下滑明显的学生，及时反思。

（2）强调分数线说明问题。

（3）建议：有规律的作息时间，保证转天课堂效率，家长监管晚上睡觉时间，千万不能熬夜。睡觉了没收手机。考完试放松心情，调整状态。回归基础，别做"难偏怪"。沉淀阶段需要重复性学习，早会早循环，从容地走向考场。考前考后不要慌乱，要把握好今天才有明天，才有未来。坚持服从学校管理，现在学生熬夜，身体需要休息，中午要有午休保证下午的听课效率。现在已经出现一些孩子晚上学到太晚，以至于白天效率特别低，甚至上课打瞌睡。学习时，一定不能玩手机。有许多孩子为了学习已经不带手机了，全身心地学习。至于有些学科，通过微信群收作业，也是通过家长群。坚决不能打闹，更不允许参与打架，但凡学习的孩子，现在都不会想着这些事情。上晚自习的孩子，家长能接的一定要接一下，尤其女生或者家远的孩子。

2. 班级情况分析

分析班级状态，学习状态、生活状态。学习上，优点如积极回答问题、课下不懂即问、作业反馈真实。缺点如学习上注意力不集中、上课犯困、不爱思考、不主动问问题、不做总结、抄作业等。其他问题如:生病请假、上课卷子找不到、书箱一团糟、回家学习效率低下,长时间边上厕所边玩手机等。

3. 心态

认清自己,分析自身优势劣势,及时总结问题,寻求方法,要做到心中有数。鼓励学生奋起直追,勇攀高峰,举例说明谁笑到最后谁笑得最好。家长们要规范孩子在家作息,做好后勤,多督促,管住手机,支持学校工作,每天看微信群通知。增强信心,正确面对高考竞争,相信全力以赴,终有回报。主动与老师、同学沟通,营造一个良好的人际关系,获得积极的情感交流。有利于有效释放压力,重塑信心。乐观会增强你的判断力。面对高考老师学生家长都有压力,所以一定要学会调节自己。

4. "五忌"

一忌贪多求全。给孩子制订不切合实际的复习计划,让孩子变得更焦虑和沮丧。二忌督促过头。负作用是影响孩子安心复习和考场发挥。三忌期望太高。有些家长不顾孩子的现实成绩和智力不同,总想着让孩子考进名牌高校。无形中给孩子造成极大的心理压力,挫伤孩子的自信心。四忌刺激施压。切忌把亲友同事家的"学习尖子",拿来"刺激"孩子或无休止地唠叨,给孩子造成了压力,对高考产生恐惧,适得其反。五忌过分干预,过分干预无助于提高复习效率和质量,更容易使脑子疲劳和思维僵硬。

5. "五要"

一要心平气和。高三后期,考试会多一些,家长要正确看待孩子考试的分数。心平气和地和孩子分析考不好的原因及修改学习计划。二要家庭和谐。为孩子营造一个宽松愉悦的家庭环境,使孩子能有一个健康的心理进行复习备考。少一些应酬,多一些陪伴。三要杜绝唠叨。家长表达关心也要看好时机,适时适度,嘱咐一件事最好不要重复两遍以上,要有意识地杜绝唠叨,给孩子充分的信任。四要经常交流。家长要经常和班主任、任课老师进行沟通,看看孩子的成绩在哪个层次,把握和分析孩子的各科成绩,给孩子一个可行而可靠的建议。对孩子心中的烦恼,家长应和老师配合,及时疏导和消除。五要赏识信任。要学会赏识孩子,善于发现他们的闪光点。总之,建议家长,严管、松管皆不是,最贵守住平常心。

(四)家长会年级组讲话

我代表高一年级全体老师、代表学校衷心感谢并欢迎大家准时来学校参加家长会。为营造一个有良好秩序的家长会,现提出几点要求,请您配合。请您把手机设置成静音模式,不要接打电话,请您坐好后不要随意走动,请您认真听讲做好记录,谢谢您的配合。高一年级第一次家长会现在开始。

家长会的流程:首先我代表年级从整个年级的角度对本次月考情况向全体家长朋友们作说明,时间约 10 分钟;各班班主任从自己班级角度向家长朋友们介绍班级情况,时间约 60 分钟。下面我来讲几个方面的问题:

1. 整体情况

统一管理,一盘棋。各班都有特色。开学至今,学生基本适应了 45 中的学习与生活,初步完成了从初中到高中的转折。6 选 3 完成了两次。老师们有干劲,经常利用课间和中午休息的时间帮助学生答疑,假期也借班级微信群督促作业,不辞辛劳。各项活动组织有序。

2. 教学情况

初中与高中本身的教学特点不一样。首先,教材难易度变化较大。初中教材体现基础性,高中教材承担为高校选拔人才的任务,因此,从初中到高中内容跨度较大,特别是数学、物理学科。其次,中高考试题难度区分较大。中考既有升学也有毕业,高考主要是选拔,所以难度区分度都有要求。

再次，初高中学习方法有明显变化。初中大多是跟着老师学，机械模仿多；而高中强调自主学习，注意知识的灵活应用、理解掌握，特别强调举一反三、触类旁通。初高中教学方法也是不断变化的。初中教师教学时对一个知识点讲例题、训练习题较多，但高中内容较多，教师不可能全部讲到，只能精讲精练，学生必须有一定的思维能力，灵活掌握知识和方法。最后，初高中对学生的能力要求也不同。高中的知识点多，对学生的能力要求更高，方法更灵活。

3. 家长如何与学校配合

家长要相信学校、相信老师，家长要了解学校的要求、手机问题一再重申，您一定配合管理好。尊重学校的要求。尊重老师对学生的教育与处理等。每天关注班级微信群，按时督促孩子完成作业，拍照上传，做好检查。

培养良好习惯，培养好习惯应从细节做起，最简单的就是每天按时起床、睡觉。良好的学习、思维习惯非一日之功，必须从点滴抓起，家长要客观分析孩子成绩，要定好位。期望值不脱离现实，目标对孩子来说跳一跳就能达到。

帮助孩子确定学习目标，制定学习计划，循序渐进，一步一个脚印。给孩子表现的机会，有些社会活动、学校活动，让孩子参加，对自信很有帮助。要消除孩子的畏难情绪，家长要先改变教育观念，不能包办一切。培养孩子的顽强毅力，意志和毅力是成功的关键，高中学习艰苦，高考要求、社会竞争压力、孩子未成熟的思考和个性都会影响学习。培养孩子的心理承受力，高中生面临升学，压力大，在学校周周有测试，天天有作业，总会碰到不会做的题、考得不理想的成绩，帮助孩子提高心理承受能力，培养学生在逆境中成长。

最后，希望每个学生在接下来的学习中，认真上好每一节课，认真完成每一天的作业，勤学、善思，实事求是，不懂就问，把问题消灭，战胜困难，走向胜利。祝愿同学们在下次月考中取得好成绩。

第三节　家访：班主任与家长沟通的重要手段

学校教育以及家庭教育是影响孩子健康成长的两个重要因素。家庭与学校的合作的形式很多，通过家访的形式来加强家庭和学校的沟通合作愈来愈受到学校、老师和家长广泛的认可。教师与家长及时的沟通能够让孩子在德智体美劳全方位健康向上地发展。

家访，顾名思义，是对家庭进行带有针对性、目的性的访问，其实施者主要是以班主任为主体的教师群体，实施对象则是学生。进入高中学习的学生恰逢青春期，身心发展迅速，自我意识逐步增强，要求独立的欲望逐步提高，情绪情感非常不稳定，时而激动，时而焦虑烦躁，对外界的干涉往往持反对态度。加之高中阶段的学习内容较初中更为丰富多样，学习方式更强调自主合作探究，学生往往会出现成绩下降、人际关系紧张、厌学、沉迷网络、早恋甚至自杀等行为。众所周知，教师读懂学生是教好书、提高教学效率的前提，而任何人都具有两面性，即显性的一面和隐性的一面，前者可从日常表现中观察得出，但后者需要从背后或他人口述中得到，此时传统家访的重要性体现了出来。国家在这方面的呼吁也并未停歇，2017年，教育部《关于做好中小学生暑期有关工作的通知》，要求全面开展一次家访。

高中阶段进行的教师家访，教师与学生的父母真诚地促膝长谈是否有必要，这取决于高中生在高中阶段自身的身心发展以及他们每天所面临的巨大压力。但是，在生活中的现实情况，无论是家访工作的开展还是家访制度本身距离预期的效果都是很远的。传统家访在实施过程中也遇到了不少问题,如教师、学生和家长对家访的认识不足,重视不够。学校虽有家访制度要求教师每学年完成一定量的家访任务,但囿于体制不够健全,不具有强制性,教师在具体开展过程中,常常随意性强、无计划性、积极性不高。同时,家长和学生对于家访的态度也比较冷漠,认为家访可有可无,甚至,部分家长对此采取抵触策略,只要是一听有家访,就找借口加以推脱,完全忽略了家校合作在孩子成长教育中所起的作用,推卸家长应承担的责任。当前的学生基本是零零后,个性独立张扬,不喜欢他人干涉自己事务,也对家访持排斥态度。

一、影响高中家访有效性的原因

(一)家访制度不够健全

笔者调查了周围几所高中,发现学校并没有对教师家访工作做出硬性要求,这就容易导致教师在进行家访前没有做好充分的准备,无谈话重点,失去家访的意义,只是形式主义;教师对于孩子所存在的问题不能以正常的心态对待,把孩子的问题扩大化,孤立片面地看待问题;对于孩子所存在的问题,以告状式进行家访,使孩子产生反感和厌恶的情绪,不能及时正确地解决问题;教师的权威过于扩大化,家访时说话态度恶劣;自身的修养素质不高,做出了有损道德和教师形象的事情;没有及时做好家访后对孩子的分析,并撰写家访感受,家访的延展性工作没有做到位。

(二)告状式家访

一位教师的班级里有一个特别不听话的学生,在学校里是很有名气的"坏"孩子。这位教师便对这个学生进行了家访,目的是想更好地了解这个孩子的家庭状况和思想状况,以便日后能够更加有针对性地对这位学生开展教育工作。当这位教师到学生的家中的时候,学生很明显地躲避老师,而孩子的父亲看到老师来家访不问明原因便对孩子进行粗暴的惩罚，导致孩子产生逆反心理，只因之前的教师对这位学生的家访都是告状式家访。教师对学生进行家访是家庭与学校合作的一个重要手段，是深入了解学生及其家庭状况的一条重要渠道。但是目前较为普遍的是告状式家访。告状式家访是学生在学校犯了错误教师便进行突发性的家访，把学生在学校的种种不好的行为告知其父母，这给孩子的心理造成了巨大的压力和负担。学生害怕恐惧老师的突然家访，甚至是怨恨；学生会遭到父母的暴力，对其心理和身体上造成很大的影响。

（三）学生对于家访误解

学生的心智还很不成熟，许多青少年通常都是以自我为中心的，他们不会换位思考，只是用自己的思维方式来看待和考虑事情，这些特点使他们对家访有严重的误解，无法解开家访的心结，更容易情绪化。

（四）父母教育方式不良

父母对子女都是望子成龙、望女成凤的，所以在教育方式上就存在着溺爱、放纵、袒护，或者是简单粗暴，拳脚相加的做法。这是截然不同的两种教育方式，这两种极端的教育方式会使孩子的行为生活出现问题。

二、高中家访针对问题的对策

（一）告状式家访的对策

每个学生不可避免地都会犯错误，家访的真正目的是老师协助家长帮助孩子德智体美劳全面发展，为了其更好地成长，需要帮助和引导家长共同积极正面地解决孩子所出现的问题，使之在融洽的氛围中进行。尤其是高中生面临巨大的高考压力和心理压力，教师要及时地与家里沟通，避免告状式家访。

（二）对家长的要求

家长应该积极主动地参与到孩子的教育中来。要经常与教师及时地沟通，了解孩子在学校的生活、思想、学习和心理变化，做到真正地了解孩子。对于孩子的问题沉着冷静地处理，不要随意用暴力解决问题。要用科学的方法教育孩子，多听听孩子的内心世界。同时要提高自身思想、文化素质及道德修养。

（三）家访制度要完善

在进行家访前，要充分做好准备，做到谈话突出重点。在进行家访时，教师和家长要一切从实际出发，不要孤立片面地看待孩子的问题；在家访当中，教师，父母，学生都应该在场，不能刻意要求个别学生回避；切记不要进行告状式家访，在交流沟通时注意方式；对于家长提出的意见要给予尊重；家访时说话态度要真诚有耐心，形成和谐融洽的气氛，不要让孩子和家长产生心理负担，要给予孩子爱护和关怀；不能做出有损道德和教师形象的事情，家访后及时做好对孩子问题的分析并撰写家访感受。

三、高中家访的作用

家访是孩子、家长、教师三者之间的坦诚沟通，是架在三者之间的心灵桥梁。让孩子明白自身责任的同时也为孩子扫清以后成长路上的障碍，使其能够顶住高中时期的重大压力，健康地成长。

四、有效实施传统家访工作的建议

（一）做好前期准备

1. 思想准备

在家访工作实施之前，学校应成立专门小组，负责组织相关教师学习政策文件,以加深理解和认识。同时,引导班主任先对所有学生进行摸底调查,分门别类,选取其中具有典型性、代表性的作为家访对象,然后将相应名单进行归总,最后交予任课教师选择。除此以外,建议学校在家访前开展一次专场培训会,向参加教师介绍工作思路、方法、内容、工作纪律,以明确家访的目的及意义,并邀请历年家访工作突出的教师作宣传报告,分享实践经验,夯实理论基础。

2.师生准备

家访活动是教师、学生和家长三者之间的通力合作,而教师又是其中的主体之一,也是学校形象的代言人,其言谈举止、衣着打扮都彰显了自身的基本素质,为此,在家访前,教师首先应适当调整影响自己形象的内外在因素,了解掌握社交活动的礼仪规范。再有,依据学校对家访的要求,个性化地制定调查表格,以明确家访内容,了解学生家庭实际情况,掌握家长的要求和期望,与家长沟通学生在家及在校的各项表现,增强家访的针对性和实效性。学生是教师和家长之间沟通的桥梁,在家访中的作用也不可忽略,因此,教师理应事先告知学生有关事项,引导学生将家访告知书送至父母手中,协助家长做好家访接待工作。

(二)认真完成家访后期的反馈总结工作

家访结束后,我们现实生活中的收尾操作往往是简单地将相应的成果上交给学校,就算完成了任务,缺少了一定的归纳总结环节。所以,笔者建议教师在家访顺利完成后,对获取到的信息、资料和数据进行整合、分析和合理评价,完成家访反馈单的填写,并上交学校作备案处理。在反馈单的设计中,应包含学生的家庭经济状况、与父母亲关系、家庭氛围、家庭教养方式、个性特点、成绩状况、访谈内容、家长期望等内容,可视为学生个人档案的组成部分。另外,家访本身就是一个锻炼实践能力的过程,教师也应撰写一篇家访感悟,将过程中的所见所闻、经验教训适当总结归纳,提高实效性。

五、个人家访实践示例

在我的记忆中,我的老师未曾到过我家家访,可能因为那时候我比较听话。我是农村娃,我的老师家就在我家的前院,对我家和我了如指掌,我亲切地叫我的班主任"二婶儿"。

上班后,不知道为什么没想过家访,也许是环境,也许是懒惰,家访的脚步始终没有迈出去一步。现在想来,也是工作上的一种缺失。

如今,我自己成为老师,接到家访任务,内心无比激动,又无比忐忑。激动的是家访的脚步在政策的指引下要迈出去历史性的第一步了,忐忑的是家访的场面会不会尴尬。

(一)首先圈定家访对象,H同学和Z同学。

H同学,比较乖巧,每次老师表扬她,她都非常谦虚,"老师,您过誉了"这还是我第一次表扬一个同学时听到的话,既有文化又显得老成。现在的学生大都比较自信,甚至自大,鲜少有像她这样拒绝表扬的,也许拒绝表扬这个词不太恰当,但她说完之后的闪躲和快速回归平静,甚至带点"千万别注意我"的表现,那一刻的确让我觉得她拒绝表扬,不接受不相信,觉得老师这样说是带有目的性地鼓励她,这个表扬带着问号。

Z同学,比较乖张,满脑子奇怪的想法,喜欢争辩,喜欢任性地行走,头脑比较聪明,言语比较犀利,老师教育他,他总是一副无所谓,"你打扰了我"的样子,而且有些行为习惯屡教不改,亲子关系紧张,同学关系表面祥和,对待学习的热情不高,偶有负面情绪,属于情绪波动型。

(二)选择家访时间

我们选择家访时间的原则,就是不耽误家长和老师的工作,一起去的任课老师最好是这个同学薄弱科目的任课老师。

本次家访不是我一个人去学生家里,所以要选择任课老师和我都没有课的时间。同时,要考虑学生家长在那个时间段是否在家。考虑到晚上去家里不合适,有些话当着学生面和家长聊也不合适。最后我们选择了两个上午分别去小 H 和小 Z 家家访。

(三)构思家访内容

主要是了解学生的家庭背景,人员构成,性格特点,在家学习情况,心理健康情况,向家长介绍学生在学校的表现,和家长一起发现学生存在的问题,指出今后整改的点,探讨如何提高学习能力,如何增强家校沟通等问题,同时也希望有特别大的收获。

(四)家访记录

第一,小 H 家住在一个老式小区,她的妈妈是家庭主妇,爸爸是普通工人,姥爷去年去世,姥姥和他们一起生活。妈妈细心地到小区门口接我们,虽然她家很好找。进到家里,古色古香,沙发两侧有很多茶具,配合主人喜好装修的客厅,更像一个茶室。一边喝茶一边聊天,很惬意。她妈妈为我们倒茶,表现得有点拘谨,眼神闪躲,总怕招待不周。不怎么和老师对视,一直不停地感谢老师对孩子的培养,明确地告诉我们,孩子学习全靠自己,大人不管,孩子在家也比较听话。家长主要做好后勤保障,他们的确做得非常好,给孩子送饭,帮孩子刷鞋等。

我们和家长说,她在学校表现非常好,能够按照老师要求去做。鼓励家长要对孩子充满信心,同时在家也要多鼓励她。指出她在学校不自信,不主动,遇到问题也不及时问老师的情况,但孩子其实挺棒的,能够适应高考。

孩子是家长的一面镜子,家长又何尝不是孩子的一面镜子呢。她的妈妈与世无争,她妈妈的世界很简单,把家里老小照顾好,品茶是在品味人生,淡淡的好接受。所以在这样家庭环境下,培养的孩子也是与世无争,不想引起更多人注意,安安稳稳本本分分做着自己的事情,更多的事情不那么在意,所以不着急不主动的性格自然形成了,但伴随着的就是不自信。

家访收获一:家庭教育太重要了。家庭教育在孩子身上打下的烙印太深了。小 H 学生身上的一些特点,在家长身上肯定能找到原型。毕竟家长是孩子的第一任老师。这个孩子对自我的定位就是透明人,不希望老师看到她。但又不同于一个透明人的设定,她还是希望被发现被认可。高考之后,她染了蓝色的头发。我想是一种释放和突破自我的体现吧。

老师的责任太重大了,首先要善于发现,然后要善于改变。而相对于发现,我觉得改变更难。毕竟学生的有些习惯和思维方式是从小就形成,根深蒂固的,一些条件反射是常态化的。想要改变学生,首先要改变家庭,但是彻底改变家庭是不可能的,因为老师无权干涉家庭。想来想去,全方位改变不可能。后来考虑到学生在校的时间要多于在家的时间,可以充分利用学生在学校的时间,进行改变、抓重点,即抓住性格上影响学习的点进行突破,会相对简单一点,着力点也更精准。

第二,小 Z 同学的家在老校区的拐角处,全家都是南方人,为了孩子上学来到北方。接待我们的这天,妈妈特意请了一天假。谈起学习,滔滔不绝,如数家珍,可见其对孩子的教育很重视。孩子的学习一直都是她主管,爸爸长期在外地工作,一周回来一次或者更久。她详细地回忆了孩子初三过来新学校的一些变化,比如感觉天津的管理相对南方更宽松,放学较早,时间较多。孩子来了之后变得松散,也更爱玩手机了。妈妈觉得自己放弃了很好的工作来这边陪读,但是付出没有得到孩子的体谅,对孩子的成绩也不满意。孩子是男孩,现在越来越不听话。目前的状态就是她只负责孩子的后勤保障,其他不想管也管不了,家长觉得无能为力。只能给他报了好多辅导班，希望占满他的时间，以此减少他玩耍的机会，同时拜托我们老师多关心他，对他要严格一点。

说实话，一进家门就感觉他的家只是个临时住所，没有烟火气，也不觉得温馨，果不其然，高考后他们就不住了。我好奇他的房间，于是提出了想要看一看的想法，他的卧室很小，写字台对着一扇窗户，一张上下铺的大床挡得门都打不开，写字台有些凌乱。他的妈妈告诉我们老师不要相信他说的话，他也说过妈妈有过过激行为。作为老师，真不知道心里的天平该倾向谁。但我觉得双方给我的感觉并没有他们和我叙述的那么糟糕。每次提及他的爸爸，他都很骄傲，因为他爸爸很优秀。但我内心觉得她妈妈更优秀，更伟大，为了孩子放弃自己的工作，来到一个陌生的城市打拼，而且不比孩子可以有同学有朋友，妈妈是孤单的，在她的世界里，最重要的人和事都是在一个青春期的孩子身上，她觉得孩子就是她的全部价值。

我劝了劝家长，慎重考虑上辅导班的问题，因为孩子很聪明，不一定非要去补课才能提高，可以减少补课的量，给他更多的时间沉淀。而且也不能只想着通过补课去限制他，应该增进亲子沟通的机会，把重点放在改善亲子关系上，因为他们目标一致，都是为了高考。同时，联系了孩子父亲，让他尽量多回家，回不了家也要多打电话，多关心妻子，多提醒儿子。高考前期，他爸爸请假回家，陪伴了近一个月。

家访收获二，亲子关系非常重要，直接影响家庭环境，影响学生的学习态度。家应该是温馨的港湾，不应该是学生想逃离的孤岛。给家长意见，要针对不同家长，给出不同的建议，绝不能千篇一律。

家访对象不止上述两个同学。家访，让我走出了校门，走进了家门。家访的过程中，我看到学生生活的环境，听到了很多关于学生的故事，对学生的了解更全面了。通过一次次家访，让我理解了学生在学校的一些行为。

（五）家访后的跟踪谈话很重要

每每家访过后,我都会第一时间找到学生,大致分享和家长谈话的内容,以及我们任课老师发现学生的问题,提出整改意见,多说他们的闪光点,以给予鼓励。

过一段时间后,我们会关注他的变化,督促他改变,及时地肯定和表扬,让家访成为促进师生交流和沟通的机会,同时会定期联系家长,关注学生在家的表现,和家长打配合,形成合力。

（六）家访后的反思和整改

1. 反思

在日常工作中,老师不能一味"我以为""我觉得",要尊重客观事实,深入了解学生,看清事件背后的故事,从根本上解决问题,联合家长一起商量行之有效的办法,双方同心,要跟踪观察,不断改进方式方法,见证成长。

成绩不是第一位的,我们不能什么事情都从成绩入手。要从如何培养和帮助学生健全人格的方向考虑,要有人间大爱,要有格局和情怀。一个学生,热爱生活,那他的世界将充满阳光。一个学生,厌烦生活,那他的世界将灰暗无比。人生路很长,是充满阳光地活着,还是在灰暗中喘息,不言而喻。

我们要着力培养学生去爱,爱生活,为了爱生活而奋斗,要鼓励学生去追求美好的生活。除此以外,也要培养学生良好的德行,教育之路任重道远。

2. 整改

尽量保证家访的时候父母双方都在场,不然总觉得听到的有点片面;可以选一些同学突然家访,毫无预兆地出现,也许更真实;家访形式要变化,家里不方便可以视频访谈。

我们家访的对象都是父母,其实也可以让家访的对象变成学生,走进学生的生活,在一个放松的环境下,抛开我是老师他是学生的界限,以一个朋友的身份出现也许好一点。

(七)家访到底有没有必要

家访之前,我没觉得多重要,我更多的是好奇。家访之后,我觉得非常有必要。

因为环境不同,看问题想事情的视野、角度、感受都不同。在学校,永远刻着老师学生家长的身份,我们的关系很清晰但有距离。走到学生家中,落座倾听的那一刻,更多的是串个门,聊聊家常的感觉,我们的关系很自然也更亲近,家长很放松。这就拉近了家长和老师的距离,沟通的问题比较全面,时间相对宽松,当然这需要家长和老师牺牲大量的时间,有的学生家距离学校较远,老师还需要打车或开车,为此付出了很多钱财和体力。

其实想来,来来回回好像我们没说多少话,没解决多少问题,但这些都是表面,往深层次说,我们教育学生,最主要的是解决学生心理问题或者在学生的心里留下烙印,让学生更阳光开朗。我觉得家访这一行动本身就很打动人,一个老师为了学生,就算不能说千里迢迢路途遥远,但绝对是花费了大量精力的,毕竟老师不走出校门,请家长来学校谈,也是常态化的沟通方式。但走出校门的那一刻,老师们不是为了自己,也不是为了班级,而是就为这一个同学,就为你,冲这一点,我想任何一个有血有肉的人,都会发自内心地感谢老师。而这份内心的感谢将会为他今后的学习生活带来力量。

我也的确在家访的过程中感受到了父母对孩子强烈的爱,那种无所谓自己牺牲也希望孩子学业有成的态度,深深地触动了我,我感觉身上的担子更重了,不过这也给我今后的工作带来力量。

第四节 线上沟通:班主任与家长沟通的重要桥梁

由于疫情的影响,很多课程选择线上开展,这就给了班主任和家长通过线上渠道建立沟通的机会。比起线下家访,线上交流更加省时省力,能够实时传递情况,具有一定的先进性。在线上沟通中,班主任要针对学生的管理情况,利用线上平台传递学生在学校中的信息,并让家长利用线上平台传递学生在家庭中的信息,这样可以增强学生信息的时效性。

一、线上沟通的主要内容

班主任在线上和学生家长进行沟通时,主要针对学生管理中细节性的问题。

首先,教师可以在线上平台给家长传递班主任的学生管理计划,班主任针对高中生的情况制订的学习计划是文化知识管理和心理健康、道德素质管理三者并重的。在学校班主任和其他的教师充分沟通后,决定采用高效的教学方法,提高教学质量,同时班主任会不定期在班级中开展心理健康和道德素质教育。班主任在把管理计划告知家长之后可以倾听家长的意见,若家长支持班主任的做法,教育工作便可以展开,并且班主任要告知家长开展心理健康教育和道德素质教育的时间,家长可以提出心理健康教育意见或道德素质教育意见,也可以针对这两方面的教育帮助班主任寻找教育资料。当班主任展开心理健康教育和道德素质教育后,可以把教育内容上传到线上平台,家长可以通过线上平台了解到班主任所展开教育的具体内容,而家长也可以在家庭教育中,基于此展开巩固教育,这样可以把心理健康教育和道德素质教育渗透在学生的方方面面,可以巩固班主任的教育成果。

其次，班主任要把学生在学校中的表现通过线上的方式上传给家长。对学生在学校有异常行为表现的、不认真听课的，或者表现很好的各种情况都要及时传递给家长，让家长了解到学生在学校的情况。对有异常行为表现的班主任要及时和家长进行线上沟通，并询问家长学生是否在家里也有这些异常行为，如果确定学生在家庭和学校都有异常行为，那么班主任就要和家长联合起来，对学生展开心理健康辅导，从而解决学生的心理问题，让学生以积极健康的心态进行学习。班主任还可以通过线上平台请家长一起制订学生管理计划，这样可以从班主任和家长两个角度来制定学生管理策略。这样可以让管理策略更加全面丰富。

最后，家长要针对学生在家庭的情况和班主任进行沟通，如学生回家后是否有主动地学习、学生在家庭中是否有明显的焦虑行为等，家长有任何问题都可以及时在线上和班主任进行交流。班主任和家长及时地交换双方的信息，这样可以让双方全面地掌握学生的情况，让家庭教育和学校教育更加有方向性，从而提高家校共育的有效性。

二、疫情期间线上沟通的具体实践

（一）每个班级成立学生微信群

班主任每天督促学生按计划学习。我们没有因为疫情的不稳定，让工作变得动荡，我们深知班主任就是学生的主心骨，老师就是学生到达胜利彼岸的舵手。线上课我们一切正常，包括提问、留作业、答疑、眼保健操、体育课、社团课、大课间等，我们没有一丝一毫的懈怠，努力营造在家如同在校、线上如同线下的教育环境，竭尽全力让学生感受到老师的温暖和负责。我们增加了和学生沟通的频次，不管是学习上还是生活上，温柔以待。我们会在早晨设置英语励志句子环节，让每个同学分享一句喜欢的句子，加强沟通不增加负担,同时训练下英语口语。我们会在中午集中总结上午表现,在晚上分享歌曲。我们会在学生群设置智慧作业,让学生打卡,并在学生群及时反馈学生作业情况,表扬和提醒。

(二)成立班委会微信群

每位班委每天负责三四名同学早起叫早,8 点前群内反馈。班委会成员发挥了积极的作用,分工协作,包括课表的发布,上课的点名,班会的组织,活动的开展等,他们有条不紊地进行着,像极了十足的有志青年,硬生生地撑起了网络的两端。这些工作锻炼了学生的组织能力、协调能力和管理能力,班委会成员担当负责的态度,给同学们作出了表率。

(三)多次召开学生家长视频会进行防疫工作的传达

本着思想上认识到位,行动上就不会落后的原则,把强化思想引领作为我们疫情工作的重点。多次召开学生家长视频会宣传防疫抗疫的重要性,苦口婆心,耐心讲解受到了好评,收到了效果,疫情防控工作得到了家长的支持和配合。

(四)班主任每天统计班级学生体温和家人离津返津情况,准时上报学校。

实事落实,关系到学生身体健康的事情就是头等大事,通过统计体温情况了解学生身体的情况,通过掌握同住人离返津情况,了解学生所处环境的风险性。也是对其他同学负责。

(五)召开主题班会,组织开展青年大学习

主题班会凝心聚力,是非常好的品德教育的机会。

(六)做好家长工作,安抚家长情绪,增强家校合作

"亲爱的家长朋友们,孩子的成长离不开您的陪伴,您是孩子自主成长的引领人和坚强后盾。离开了学校的学习环境,孩子们难免会出现一些问题,一方面这是他们自主能力提升必须经历的过程,另一方面这也是对孩子

们意志品质的考验。希望每一位家长都能做孩子心理成长的榜样，成为他们自主学习的助力者，内心声音的倾听者，学习和共同成长的好伙伴。又是一个美好的周末，祝大家周末愉快。""看不到的危险才是隐患，每个人从这周开始都要调整状态，让自己进入学习状态，无惧前行。有这么多老师陪着了，怕什么？在你们需要帮助的时候，老师会给你助力，加油!"

（七）精细化工作，合理进行饮食指导

向家长推送如"高中生在家如何合理膳食，适度锻炼"等推送，帮助家长更好地与孩子交流，为孩子提供更好的学习环境。

三、通过沟通与家长成为朋友

与家长的相处非常重要。遇到一个明事理的家长，要尊重他，让他明事理的同时能够积极地配合工作。遇到一个糊涂的家长，要想办法让他尊重咱们。如果能见缝插针地开个玩笑，聊一聊学生之外的话题，侧面了解下家长的工作情况、家庭构成等，对自己开展工作也有一定的帮助。尽量避免学生犯错以后去请家长，然后开始抱怨，数落学生带着数落家长，那样家长也会有情绪。一来二去，家长也就厌烦了。表面上配合工作，其实颇有怨言。那样开展工作就不利了。大部分家长都有工作，请假来学校，本身也是着急，恨不得最短的时间解决问题，而且任何人都不喜欢被批评，也不想因为孩子的事情，让自己很尴尬，尤其是年龄比较大的家长，让他来学校有种被尊重的感觉。让家长知道，作为班主任以及任课老师在他的孩子身上倾注了多少心血，给予了多少期望，最后让家长从心里接受学校的教育。

我们请家长是为了让家长配合我们的工作，因为有些工作家长不配合，的确做不好。如果和家长和谐相处，家长能够配合，能盯着学习，那效果就不一样了。三年一个周期的班主任工作，需要家长长久的配合，和家长成为知心朋友,百利而无一害。有位家长甚至和我说过,自己在孩子几岁的时候他有了外遇,之后为了孩子他就和外遇断了,我赞扬了他,这种赞扬是发自内心的。之后告诉他高中生活应该怎么配合学校的管理,在家应该怎么管。我之所以举这个例子,是因为我也没想到他会和我说这么私密的事情。其实家长与老师也能成为朋友,只要我们努力去做,就会收到意外的收获。和家长和谐相处,不是一味哄他捧他,哄是哄不过来的,捧也不是没有原则的,该客气的时候客气,该不客气的时候就不能客气。客气的时候是单独和他交谈,不客气的时候是面对多数家长。比如家长会,可以表扬一些家长配合学校的工作,比如迟到了给老师打电话、生病了写病假条、在家监督孩子学习,还可以谈谈某件事上家长是怎么配合的。学生成绩有进步了,家长会要给家长发奖品。有些家长后来就说,家长会上如果被表扬了,自己也更有动力配合学校老师。家长会上也会批评一些家长,比如开会缺席、迟到、不配合学校工作、平时说话不靠谱。和家长和谐相处,就是为了向家长渗透一个理念,如果学生在学校出现问题,家长和学校意见一致时,听家长的,意见不一致时,要听学校的。

第 5 章

抚心自省：
班主任生涯的自我反思与提升

　　班主任工作是繁杂而快乐的。身在其中，细细品味，才知有充实的幸福感。学生成绩上的不断进步，人生观、价值观的逐步完善，是自己最大的欣慰和幸福。"学高为师，身正为范"，要求学生做到的，首先自己要做到。教育学生要诚实守信，自己就应该牢记每一次鼓励学生的小承诺。教育学生日常行为规范的养成，自己的言行就应该高标准，这样才具有说服力，威信自然而然地树立起来。班主任要有一双善于发现的眼睛，善于发现学生的优点缺点，捕捉学生课堂上生活中精彩的瞬间，能够看见学生的喜乐伤悲。

　　班主任要"导演"好班级的节奏，有计划性地开展工作。把握好班级的生活节奏、学习节奏。每天、每周、每月的计划要详细制订，认真落实，及时做好总结和反思。班主任工作不要理想化，要有预见性。要做好问题出现前的分析，要有具体的工作预案。不是每件事情都能按照既定的方案进行，出现问题很正常，不要遇到突发事件，因为没有预见而乱了阵脚。班主任要抓住教育的契机。一旦发现学生的闪光点，要不吝啬地表扬，树立标杆。遇到大是大非，要教育学生树立正确的人生观和价值观。遇到班内同学不良的学习习惯和生活习惯，要当机立断，及时制止，进行教育。班主任要多创造生生之间、师生之间交谈交心的机会。增进友谊，增进感情，增强班级凝

169

聚力。班主任要尊重学生。不能一意孤行,不考虑学生的感受就开展工作。班主任要培养学生处理问题的能力,组织能力和协调能力。班主任更要相信每一朵花都有其盛开的理由。

班主任工作要不断反思,不断地创新,用最科学最人性化的方式管理班级,让学生感到老师的温暖与关爱,叫学生快乐地学习,学习得快乐,成为学生精神上的导师,帮助学生走向成功的彼岸!

第一节 "爱"为本:班主任要全心全意爱学生

正如苏格拉底所说,教育的基础源于爱。爱是教育的灵魂。热爱学生意味着班主任要用发展的眼光看待学生,即使对于学生的严重错误,班主任也不要简单粗暴地处理,而应该尽力从学生的错误中找出学生的闪光点,并且加以赞赏,这一点确实很难做到,但我们作为教育者应该力争做到。中国台湾作家林清玄当记者时,曾报道过一个小偷作案手法非常的细腻,犯案上千起。文章的最后他情不自禁地感叹:"像心思如此细密,手法那么灵巧,风格这样独特的小偷做任何一行都会有成就的吧!"林清玄不曾想到,他二十年前无心写下的这几句话,竟然影响了这个青年的一生。如今,当年的小偷已经脱胎换骨,成为几家羊肉店的老板。可见,赞赏一个人的闪光点产生的作用是多么的大。我们班主任不要吝啬自己的赞美之词,并且热爱学生是一名班主任职业道德的核心,是班主任责任感的具体体现。一般情况下,班主任既担负着班主任的工作,又兼任具体学科的教学工作。因此,班主任对学生的热爱不仅能激发学生对班主任的尊重和信赖,缩短师生间的距离,使学生易于接受班主任的教育,同时也有助于班主任在教学时对学生负责,满怀激情的教学。

教师对学生的爱和付出是不容置疑的。有人说师爱特别是班主任的爱是除血亲外，唯一不求回报、无怨无悔付出的爱。确实，班主任为班级学生倾注的精力、情感和爱是除了父母外最多的了。

学生的成长离不开爱。中学时期是学生的世界观和人生观形成的关键时期，由于思想尚未成熟，他们特别需要人的帮助和关爱，学生的成长过程中需要社会、家庭和学校的关爱，而老师的关爱是成长过程中的重要条件。实际上学生的爱和被爱是双向的，老师爱学生，学生也才会爱老师，双方相互的爱，也就成为师生关系和谐的前提。平时也常常有人问我："学生喜欢什么样的老师呢？"我说："这你要问学生，学生的爱是自发的，出自内心的，不是老师可以去勉强的。"但我想，要学生爱你，你首先要爱学生，老师的心中要充满爱。学生进了学校，班主任就成为学生最直接的管理者和教育者，其根本任务就是"传道受业"。因此，班主任是学生人生道路上的导师和科学文化知识传播者。

教师的爱是学生健康成长的前提。在教育实践中，如果教师对学生充满了爱，把爱生情感，投射到学生心里，学生就能更好地接受教育，如教师对学生的一句赞赏，一个充满信任的目光，一丝和蔼可亲的笑意等，都会在学生心中唤起学习的渴望，学生的心里就会如感应线圈在磁场中产生感应电波一样，碰撞出火花，师生之间在感情上会"共鸣""共振"。爱学生的本质是尊重学生，尊重学生要以信任学生和理解学生为前提，能将学生当作是一个平等的对象来看待。

教师的爱是师德建设的核心。教师的职业道德，是做好教育事业的前提，要教好学生，教师首先必须具备高尚的职业道德，良好的职业道德的核心就是一个"爱"字，教师要全心全意地去爱学生，爱学生才能教育好学生。教师对学生的爱，应该是出自内心的爱。作为教师，要热爱教育事业，就要爱学生,要像母亲那样,把管理教育自己的孩子当作义不容辞的责任,任劳任怨,含辛茹苦。特别是在市场经济条件下,在价值观念多元化的今天,如果教师没有事业心,就很有可能会禁不住经济利益的诱惑,甚至天天想方设法要跳槽,跳不出便心灰意冷,于是就采取敷衍态度,当一天和尚撞一天钟;有的教师家务事和个人的私事缠身,无心教学。老师要懂得学生的想法与需求。有的放矢地进行疏导,才能受到学生的欢迎。在启发引导学生的过程中,倘若老师的指点是准确的,就会如钢琴一样,发出十分美妙的音响。有一学生,性格开朗,思想活跃,思维敏捷。本来特别喜欢学习英语,可有一次他告诉我他不想学英语了,一打听才知道英语老师经常批评他,他认为老师不喜欢他,也就不想学英语,可见老师的爱在教学中起着非常重要的作用。

但是在我工作时,却总是能听到很多班主任唉声叹气,抱怨现在的学生没有感恩之心,他们似乎都接收不到教师的爱。我过去担任过很多届班主任,也遇到了类似苦恼——自己的一片苦心,学生却感受不到。经过反思,我认为不是学生不懂爱和感恩,而是班主任释放爱的方式出了问题。班主任对学生的爱应该正确表达,才能收获学生的理解和认可。

一、爱要宽严相济

班主任工作中没有严,那是对学生的放任,而只有严,就没有爱的味道,因此班主任的爱要做到宽严相济。每一位班主任都为了学生的美好前程披星戴月,倾注了全部的爱。但往往是爱之深、恨之切,恨铁不成钢。我们总是站在成年人的角度来看学生,总觉得学生做得不够好,然后为了学生所谓的美好前程,为了所谓的"对学生的将来负责",处处严字当头,信奉"严师出高徒",美其名曰"爱学生",以爱的名义时刻严格要求学生,甚至以严令强制学生言行，处处盯着学生，学生一有问题就严厉批评，这样会让学生时刻处在紧张氛围之中而感受不到或屏蔽掉班主任的爱。我曾经就是这样一位严字当头的班主任。记得刚参加工作时，借着年轻想早点干出一番成绩，对学生极其严厉，结果没有得到学生的认可，反而引起了学生的不满。殊不知，一张一弛、宽严相济才是爱的正道。后来经过自己观念的转变，不那么处处严格对待，学生们又充满着欢声笑语，成绩不降反升。十几岁的孩子有他们天性，处处严格虽然是出于爱心，但学生无法适应，更谈不上理解教师的良苦用心。"水至清则无鱼"，很多学生的问题其实不需要班主任那么严厉地处理，班主任太过认真严厉地对待，其实是不符合学生成长规律的。所以，有时教师需要用宽容之心对待学生，对学生出现的一些非原则性问题可以多些原谅，不必事事较真；在紧张的学习和严格的纪律之余，还可以通过一些活动来放松学生的情绪。这样才能让学生从心里接受班主任的爱，成为一个受学生喜欢的班主任。

二、爱要以信任为基础

没有信任的爱是虚假的。教师对学生的爱必须建立在信任和尊重的基础上，否则，学生会把教师的爱当作假心假意的施舍，不仅不接受，反而会反感。教师对学生要多点信任，要真心实意地相信学生能把事情做好，相信学生犯错后具有改错和反思并找到合理解决办法的能力。这样，学生才会觉得教师是真心为自己，从而"亲其师而信其道"。很多教师喜欢从教室后门缝"偷看"，对学生的问题，不直接与学生沟通，而是喜欢背地里向家长"汇报"，这些都是不信任学生的表现。虽然教师是为了学生好，但学生会感觉没有被信任，不仅不会认为教师是帮他、爱他，反而会讨厌教师。我从接手现在的班以来，始终认为我的学生是懂事的，与学生讲得最多的一句话就是

"我相信我的学生"。当然这不仅要告诉学生老师相信他们，更要在行动上显示。很多时候，遇到学生的一些问题，我都是在找学生谈心后与学生约定瞒着家长，给予学生信任和尊重，这样才能让学生感到老师的爱是真实的而不是虚假的，这样的爱才能让学生从心底接受。

三、爱需要鼓励

每个教师表达爱的方式不一样，教师的爱应该更多地以鼓励的方式表达出来。对学生的爱以鼓励的方式表达，能让学生自信满满。很多班主任习惯于批评和责备学生，虽然这也是教育不可缺少的一部分，殊不知，鼓励对学生的作用远比批评的效果要好。鼓励能给学生信心，据心理学研究，长期在鼓励下成长的孩子，特别有自信，而自信的人生才能创造辉煌，越鼓励越优秀。以前，我很少对学生说鼓励的话，总认为批评可以直截了当地让学生知道哪里有问题，而他们作为高中生也应该能够理解。但后来我发现学生不但改进不多，而且不太愿意跟我交流，也就是说我对学生真心的爱，学生不认可。所以，自接手这个班级以来，我主动改变交流思维模式，采用鼓励为主，特别是对"学困生"，我的鼓励更多。哪怕某次需要批评某个学生，我都会先找到他最近值得表扬和鼓励的点加以肯定，然后诚恳地指出他的不足和需要改进的地方。这样一来，学生不仅不反感我的批评，而且更乐意改掉自己的问题。在班上，我挂在口头的一句话是"每个人都有无限潜能，每个人都能在高考中创造奇迹，你已经进步很多了，只是需要坚持和细节的完善"，以此鼓励学生，果真出现了奇迹，那些后进生的成绩真的进步很快，违纪现象也大幅减少。

四、爱要放手

爱学生就是要给学生成长的机会，而不是包办一切。最近看了郑学志老师的《做一个会"偷懒"的班主任》很有同感,很多班级事务要敢于放手让学生去做,特别是放手让班干部去做,教师只需适当指导。这样既解放了自己,也锻炼了学生。让学生在过程中成长,才是对学生真正的爱。过去的我做班主任总是亲力亲为,不放心学生去做,什么都亲自落实,什么事都为学生想得很细;总认为包揽学生的事,不让学生操心,让他们全身心地投入学习,是对学生负责,是对学生的爱。但很多时候事与愿违,学生不但不理解、不领情,反而嫌弃我,背地里说我是"管家婆",不接受这种爱。所以,放手让学生自己处理班级事务,一方面能让学生得到锻炼,另一方面能让学生感到被尊重,与班主任更亲近,感知教师的爱。

我从接手现在这个班级开始,就坚持放手让学生自由发展和成长,只是做了班级顶层设计。我班的班级文化之一就是"自觉自控才能自主命运"。我班在民主基础上形成了《班级文明公约》,分工到人,让每一项班级事务都有人负责,让学生成为班级的主人,然后发挥班干部的中坚作用,班级事务从提出到策划到执行到总结,都由班干部负责。这样,班干部上可以贯彻班主任的想法,下可以体现学生的呼声,充分听取学生们的想法。如此,每一项班级工作,学生都感觉是自己想法的落实,学生感到被认可和尊重,真真切切感受到了教师的爱。所以我感觉,放手班级事务后,变轻松了,班级工作落实得有声有色,学生能力得到提高,责任心增强,主人翁意识增强,学生反而更喜欢我了。

五、爱要有仪式感

爱的表达可以不拘一格,但我特别强调仪式感。就像爱国主义教育可以形式多样,每周一次的升旗仪式必不可少一样,教师对学生的爱也要以庄严的仪式进行表达。仪式感能让学生更深刻地感知教师的爱和尊重,对学生更有激励作用,在班上也更有示范作用。每当阶段性考试总结时,我会举行隆重的表彰仪式来表达对优异学生和进步学生的祝贺;每当学生在各级各类比赛中获奖了,我会请获奖学生上台,然后带领全班学生鼓掌 30 秒表示祝贺;每当学生良好习惯坚持了一段时间后,我会在全班很隆重地组织总结,进行表扬,让学生接受全班同学的赞许。庄严的仪式让学生更充分地得到肯定,让教师的爱更具有感染力和张力。一个学生哪怕是后进生,在这样的仪式下,都能自信前行,留下一辈子难以忘怀的记忆。我想若干年后,学生想起这样庄严的仪式,内心都是暖暖的吧!

六、爱要"说"出来

班主任对学生的爱是深沉而厚重的,但班主任还要善于把这种深沉的爱"说"出来。这里的"说",一是表达出来让学生接收到,二是及时合适地表达出来。现在的学生在快节奏环境中长大,人际关系简单,不喜欢也不理解绕弯子的方式。所以,教师对学生的喜欢、赞许和肯定要明确告诉学生,这样不仅能让学生知道老师认可什么,还能进一步鞭策和激励学生。当学生有进步、取得好成绩以及表现好时,教师就要直接当面甚至当着众人的面表扬学生,说出对学生的欣赏。教师对学生的爱要表达适时,这样才能对学生起到促进和激励作用。例如,我会在端午节给每人买个粽子,在"三月三"亲自煮鸡蛋给学生吃。

爱因斯坦说:"只有爱才是最好的教师,它远远超过责任感。"没有爱的责任感,只是简单物与物的接触,目的性太强。有了爱的责任感,师生关系才会生动起来。同样,有了爱,还要善于表达爱,只有这样,才能让班级充满欢声笑语,才能建立融洽的师生关系。

第二节　"能"为基：班主任要提升业务能力

班主任工作是一项非常辛苦和琐碎的工作，不但要教好所任教的学科，还要培养一个健康向上的班集体，使每个学生在德智体美劳等方面得到全面发展。因此，作为一名班主任需要具备比一般任课教师更高的业务能力和更好的综合素养。

"有自己的东西"是做好班主任工作的长久之计。每一届的学生不同，每个班的学情不同，会出现的问题不同，每个学生所对应的家长不同，这些不同考验着你的能力。如果照搬照抄，把别人的经验完全拿过来或者多一套方法，肯定不行。因为在班主任的工作中，没有万能公式，只能自己根据情况仔细琢磨，认真钻研，不断总结，及时反思。这种琢磨总结反思，不一定非要落在笔上，最主要是落在实际工作中。要总结自己处理问题方式方法的优缺点，在反思中积累经验，在积累经验中升华自己，说到底，要有自己的方法，有效的实施过程。因为最直接解决问题的人，是你自己，当然遇到自己无法解决的也要谦虚求教。其实当你真正想出一个方法，执行的过程，以及执行的结果你都能看到，那种成就感和满足感，是无法形容。本节从笔者个人经验入手，谈谈笔者认为班主任应该具备的能力与特质。

一、班主任应该具备的能力

（一）班主任应具备"三心"

作为一名班主任，必须有强烈的责任心、持之以恒的耐心和细心。责任心是班主任做好班级事务的前提条件，只有责任心到位，才能处处为班级考虑，才能将其作为自己的一份事业去干，而不只是当成普通工作来应付。细心是作为班主任的必要条件，凡事想得多一点，观察得仔细一点，考虑得周全一点，让细心成为习惯，从而减少工作中的失误。耐心是当好班主任的核心因素，学生们思维活跃、活泼好动，把每一名学生都当成自己的孩子，拿出对自己孩子的耐心去对待学生、理解学生，自然能与学生成为好朋友，学生自然也愿意与老师交心，从而打破班主任与学生的隔阂。

有人说，如果一个班主任在班级里面，学生做得很好，那么这个班主任基本合格；如果班主任不在班级里面，学生做得很好，那么这个班主任是优秀的；如果班主任在班级里面，学生做得还不好，那么这个班主任是失败的。每个班级都有属于自己的独特班风，而班风与班主任的作风是密切相关的。当一名班主任拥有了"三心"，日常教学管理中才能营造良好的班风学风，整个班集体也就呈现出积极向上、充满正能量的态势，从而能够引导学生树立正确的世界观、价值观和人生观。如果没有良好的班风学风，班级事务就会变成一团乱麻，其他一切都将是空中楼阁，失去最根本的依托。

（二）班主任应具备"五种能力"

全面了解学生的能力——充分了解学生的整体和个体。每名学生所处的家庭环境不同，生活和学习都会有所不同。作为班主任，首先要了解清楚整个班级的状况，从而有针对性地进行教育引导。同时，每名学生都有自己的特点，或者说长处和不足，这些都需要班主任仔细观察，通过学校、家庭、同学等多方面了解掌握，做到更好地因材施教。

正确评价学生的能力——客观公正，正向激励。要看到每名学生的长处，看到他们的成长，多给他们鼓励和支持。鼓励不一定非得用物质奖励，可以是口头鼓励，也可以是肢体语言的表扬。例如，对于经常迟到的学生，能够按时到校就可以提出表扬，对于学习成绩有进步的可以表扬，对于学习态度转变的也可以表扬，对于助人为乐的可以表扬，对于拾金不昧的可以表扬。总之，只要学生有进步，班主任对其进行表扬，都会转化为学生进步的动力。

转化后进生的能力——晓之以理的说服力、动之以情的感染力、导之以行的持久力。每名学生的学习能力有强有弱，这和其个人、家庭、社会都有关系，后进生并不是天生后进，也不是绝对后进。与班级其他学生对比属于后进的学生，可能与其他学校同层次对比就是正常，甚至优等。作为班主任，千万不能打击这些学生的信心，要多鼓励这些学生进行自我对比，以前不会的，现在会了，就是进步。每天进步一点点，日积月累下来就能进步很大。

选拔，培养学生的能力——准确选拔，知人善用，合理安排。作为班主任，要善于发现每名学生的特长，助其发挥优势，不断成长。组织能力强，并且严于律己的学生，可以培养为班干部；擅长体育的学生，可以鼓励其积极参加学校运动会，为班级争得荣誉；爱好美术、音乐的学生，可以鼓励其在班级文艺节目中发挥特长；爱好写作的学生，可以鼓励其在杂志报纸发表作品等。善于发现学生的优点，鼓励学生勇敢迈出第一步，让其在擅长的领域不断开拓，不但有助于增强其自信心，更有助于学生综合素质的提升。

组织班级活动的能力——确定内容、周密计划、有效指导。在班级建设中，集体活动能够更好地培养学生的团体意识，增强班级的凝聚力。班主任是班集体的建设者，在每次集体活动前，做到提前谋划、精心设计、有效指导，让每名学生积极地参与到团体活动中，心往一处想、劲往一处使，把班级集体活动搞得有声有色，激发同学们的热情和活力，唤醒同学们的集体意识，增进同学们的情感和拼搏欲望，形成你追我赶的良好学习氛围。

（三）班主任应掌握"六种方法"

严：对学生严格要求，就是对学生最大的尊重。治理班级，一方面要"严己",另一方面要"严纪"。规范学生的行为,首先需要规范自己的行为,在班级中要求学生做到的,自己要严格按照要求完成。

爱:用真心打动学生,用爱心感化学生,公平公正对待每位学生,寻找每位学生身上的"闪光点",不吝啬"好话",尊重每个学生,关爱单亲家庭子女、问题学生,让学生在爱中成长。从日常工作中逐步加深师生感情,从点滴小事做起,把温暖送到孩子心头。一句暖心的话语,一个会心的微笑,一次亲切的牵手,架起师生之间心灵沟通的桥梁。

细:抓住细微处,落在实效中。班主任要心细、眼细,对待班级工作细致入微。让学生感受到老师对他的关心和爱护,让学生体会到老师很在意每一位学生,让他们有一个好心情投入到一天的学习中去。

勤:眼勤、腿勤、嘴勤,勤能补拙。班主任要随时关注班级的动态,发现问题要及时处理和解决,哪怕是一件很小的事。只要班主任自身能做好眼勤、腿勤、嘴勤,学生就钻不了空子,学生就会时刻提醒自己什么该做、什么不该做。良好行为习惯的培养是建立良好班风的前提。学生刚跨入初中,面对新的学习、生活环境会出现很多新的问题,其中最突出的就是班级环境卫生问题。对于卫生要求班主任要时时讲、常常讲,每到班会课就提醒他们,使学生铭记于心,让他们知道怎样做一个合格的中学生。班主任要善于发现学生的闪光点、优点和长处,让学生充满自信。班主任与学生多交流、多关心鼓励、多花心思教育引导,如此反反复复做工作,班上的学习风气、纪律等才会慢慢好起来,从而形成良好的班风。

巧:巧妙地与科任教师做好配合。处理好与科任教师的关系,尊重采纳科任教师提出的意见和建议,严禁本班学生有不尊重科任教师的言行,主动协助科任教师处理教学中出现的问题。

学:不断学习知识,提高技能,及时地提升自己的专业素养和管理能力。

二、学习成为"专业化"的班主任

(一)终身学习,为不断更新自己提供有力保障

新课改向教师提出了终身学习的要求和挑战,班主任也不例外。随着社会的发展,科学技术的进步,学生越来越有个性,以前小绵羊似的学生不见了踪影。现在的高中生用手机上网,谈恋爱,对学习视同儿戏,固执倔强等特性明显……基于以上种种情况,面对形形色色、性格各异的高中生,班主任既要有效教书又要高效育人,必须逐渐改进自己的教学理念,不断更新自己的知识结构,专业化发展势在必行。

1.积极参加培训,提升专业素质

对于学校、教研室、教育局定期召开的班主任工作经验交流会,班主任教师应积极参加,在听取他人先进经验的同时,交流自己的班级管理经验和管理方法,互相取长补短;对专家、同行们指出的不足,力求扬长避短,找到新的工作思路、确定新的努力方向。积极参加班主任基本功训练和各项评比活动,如参加班级文化建设竞赛、撰写教育随笔等。通过培训和积极参与各项活动,努力提高自己的专业素质,并在学习中,结合自己的教学实践,总结反思自己工作中的不足,和同仁们交流分享。

2.抓住教育科研的机会,提高业务能力

每一学年、每一学期班主任的培训活动有很多,如专家讲座、班会课观摩活动、网上班主任工作论坛等,作为班主任,应积极参加,不错过任何一个有利于自己专业化发展的机会,提高业务能力。

(二)班级管理中,注重"三个更新",促进专业化发展

通过参加各种形式的培训,给班级管理工作注入新鲜的血液,积累宝贵的经验和财富,使作者的班级管理水平和管理能力得到了提升。同时,作者

也清楚地认识到，为适应新形势，班级管理中应注重"三个更新"，促进自己的专业化发展。

1. 观念的更新是专业化发展的前提

现在的学生高科技产品随身带，手机、MP5 随身听、掌上电脑等屡禁不止。这些无一不给班主任提出了新的课题和挑战。如果班主任管理班级时仍然让高中生唯命是从，显然不符合时代的节拍，也将一无所获。那么改变观念就刻不容缓。观念不更新，不树立正确的人才观，就会使班级的管理工作效率大打折扣。有的教师仍然把三好学生、优秀学干、优秀团支部书记等荣誉集中于语数外三门功课成绩突出的学生身上，还是抱有"一荣俱荣、一俊遮百丑"的观念，并没有把新时期培养德、智、体、美、劳全面发展的新型社会人才理念落到实处，而是将其置于理想化的制高点，甚至认为素质教育遥不可及，是不切实际的空头理论。校园里常见的现象是 5 点钟教室里书声琅琅，夜晚 23 点班级里还灯火通明，这不是在培养高素质人才，简直是在摧残学生。

作为班主任，更新教育观念迫在眉睫。要关注高中生的自信心和自尊心，把学生从"苦学"中解救出来，培养他们"天生我材必有用"的信念。同时，把他们从虚拟的网络世界里拉出来，成为自信向上、富于创新的新时代学生。

2. 管理方法的更新是专业化管理的根本保障

现在的高中生见多识广、个性很强，教师空洞的说教往往不起作用。所以，班主任该放手时就放手，把班级管理权下放给学生。可以向魏老师学习，让学生自己管自己，或让他们相互约束、互相管理。与学生的交流，如果面对面效果不好，不妨通过短信或网上聊天等方式，使学生少了一份面对面的紧张，引导学生愿意说出心里话。

3.师生定位的更新是专业化发展的关键

一些班主任过于严格,要求学生绝对服从于教师。在新课改理念下,师生关系是平等的,班主任和学生之间也应该是平等的。实际上,作为班主任,应该清楚地意识到班主任与学生之间是民主平等的关系,不应该是领导与服从、说教与听从的关系。班主任对待学生的正确态度应该是成熟者对未成熟者的要求和期望,应该是教师对学生的精心指导和培养,而学生对待教师的正确态度应该是尊敬与爱戴。总之,班主任只有不断参加各种形式的培训和学习,创新并实践班级管理的方法和策略,做到"三个更新",才能适应新形势下的教育教学,引导学生树立远大理想,培养出德才兼备的学生,班主任才会在专业化成长的道路上越走越远,走得更好,飞得更高。

第三节 "思"为根:班主任要反思总结

班级管理是一门科学和艺术,班主任作为班级管理的核心和灵魂,其工作质效不仅关系到学校立德树人根本任务的落实,更关系到学生的健康成长。然而,现实中由于班主任工作复杂、细致、琐碎,许多班主任会在周而复始的忙碌中陷入漫无头绪的被动应付,职业倦怠感便会悄然滋生。

教育家苏霍姆林斯基说过:"如果你想让教师的劳动能够给教师带来乐趣,使天天上课不至于变成一种单调乏味的义务,那你就应当引导每一位教师走上从事研究这条幸福的道路上来。"反思,是班主任研究班级管理的重要手段,是班主任职业存在感、获得感、幸福感和安全感的重要方式。班主任只有不断地在自我反思中拉长长板、补齐短板、探索新板、加固底板,才能真正让班级管理走得更好、更稳、更新。

一、在反思中拉长长板

长板，顾名思义，就是班主任自身的优势和长处。它是班主任自身魅力的集中体现，是班重要的管理和教育资源。班主任要善于聚焦自身长板，充分展示个性特长，方能在班级管理中长袖善舞，如鱼得水。挽弓当挽强，用人当用长。我们时常发现许多班主任利用自身长板营造良好育人氛围的现象：运动会赛场上，有的班主任利用自身运动优势对学生进行技术指导；歌咏比赛上，有的班主任利用自身的音乐特长为学生选歌配乐，做唱法指导；演讲比赛时，有的班主任利用自身是语文教师的优势，为学生修改演讲稿，进行朗诵技巧培训；还有的班主任亲和力强，利用自身的性格优势与学生交流，做学生的知心朋友……

只要班主任把握契机，充分利用自身长板，并不断地拉长长板，就能在班级管理中做到轻负高效、事半功倍。因此，班主任要在反思中拉长长板。

一是深挖长板。长板，对于每个人而言，它主要表现在性格、兴趣、爱好、能力和特长等方面。有的长板是显性的，有的长板是隐性的；有的长板是先天的，有些是需要后天培养的……作为班主任，要全面分析，充分认识学生，挖掘学生的优势和特长，做到心中有数。

二是拉长长板。班主任要善于抓住管理机遇，因势而动，顺势而为，乘势而上，让自身的长板在班级管理中发挥正向激励作用和示范效应。当然，要想做到，就需要班主任对班级情况了如指掌，洞若观火，结合班情和生情有针对性地重点提升自我，不断强化自身优势，巧妙地放大长板的影响力，扩大影响面，使班主任的个人优势转化为班级管理胜势，进而促进学生全面发展。

二、反思中补齐短板

短板，简而言之，就是指班主任自身存在的问题或不足。短板效应告诉我们：一只木桶能盛多少水，并不取决于最长的那块木板，而是取决于最短的那块木板。班主任作为班级管理的组织者和执行者，在管理中要善于发现自己的工作短板，勇于承认自己的工作短板，乐于纠正自己的工作短板，才能真正补齐自身工作短板。

金无足赤，人无完人。现实中，我们不难发现，有的班主任处事急躁冒进，时常是欲速则不达；有的班主任工作简单粗暴，时常与他人发生冲突；有的班主任性子柔和散漫，工作进度常常滞后；有的班主任管理方式和手段过于呆板，班级氛围沉闷，等等。班主任只有充分认识自身的短板，在工作中不断改进，才能在班级事务中实现自我完善、自我发展和自我突破，因此，班主任要在反思中补齐短板，须从以下两个方面入手。首先，敢于正视自我。俄国教育家乌申斯基说过："只有正视自己的无知，才能扩大自己的知识。"在班级管理中，班主任要正视自己的短板，辩证、发展地看待自己的短板。要清醒地认识到，短板从当下看，是自身的不足，是需要亟待应对和解决的问题；从长远看，则是自身发展的潜力和潜能，是自己今后发展和努力的方向。其次，善于强筋壮骨。知人者智，自知者明。在班级管理中，班主任要有知己之明，尤其在了解自身的短板后，要反思其原因，思考其对策，着眼于长远，有针对性地开展系统的学习，不断地"补钙""刷新""扩容""充电"，才能化短为长，壮大己身。

三、反思中探索新板

新板，直观理解，就是班主任解决问题的新思路。中国科学院院士王业宁说:"要创新需要一定的灵感,这灵感不是天生的,而是来自长期的积累与全身心的投入。没有积累就不会有创新。"长期的班主任工作会为班主任积累丰富的实践经验,为班级管理工作打下坚实的基础,但如果班主任一味按部就班,不积极反思,不努力进取,也会在一定程度上固化自己的思维,进而丧失探索新知的欲望,制约班级管理水平的提高和自身能力的提升。在现实中,我们常发现:由于班级管理工作的复杂性、琐碎性和长期性,许多班主任只是一味被动地、任务式地落实工作,周而复始,很少用心地、积极地、主动地去研究,探索管理工作中的新方法,即使偶尔为之,也是昙花一现……因此,班主任要解放思想,在反思中不断探索新板。首先要敢于质疑。物理学家李政道说:"能正确地提出问题就是迈出了创新的第一步。"提出一个问题比解决一个问题更重要。在班级管理中,班主任要善于在习惯性的事物中发现新问题,切不可机械地执行或盲目地照搬照抄,要开动脑筋,积极思考,敢于提出不同的意见和看法,为班级管理提供新的思路和建议。其次,大胆实践。实践出真知,班主任是班级管理的重要实践者,对于日常管理中出现的新问题要认真反思其原因,积极思考其对策,要大胆地去探索、去研究、去实践,在实践中不断发现问题、研究问题、解决问题。班主任自身也会在探索新知的过程中不断成长、成熟。

四、反思中加固底板

底板,通俗地说,就是班主任的基本功和常规要求。基础不牢,地动山摇。底板,是班主任不可逾越的工作底线和红线,是班主任一切工作的先决条件和根本前提。在班级管理中,班主任要坚守的"底板"主要包括:从制度来说,主要是国家的法律法规,师德师风的相关要求,上级和学校的各项规章制度;从安全来讲,主要是师生安全,包括心理健康、交通安全、疾病防控、防溺水、防校园欺凌、师生冲突、家校矛盾、学生的思想政治教育等;从班主任来讲,主要包括自身修养和专业基本功。班主任只有不断地强化基础和根基,才能在班级管理中驾轻就熟,守正创新。因此,班主任要在反思中加固底板,须做到以下几点。首先,注重个人修养。"师者,所以传道授业解惑也。"班主任作为学生的精神引领者和学业传授者,其一言一行、一举一动对学生有不可估量的影响。在班级管理中,班主任要时刻保持清醒的头脑,注重自身修养,不断强化个人品德、职业道德和家庭美德,以新时代"四有"好教师为标准,做好学生的"四个"引路人。其次,树立规矩意识。不以规矩,不成方圆。班主任要有规矩意识,在班级管理中,班主任要强化对学生规则意识的培养。从班规班纪的制定、违规违纪的处理等方面,都要做到民主、公平、公正、公开,让学生认识规则、学习规则、遵守规则。

北京师范大学教授林崇德说:"反思是用批判和审视的眼光,看待自己的思想、观念和行为,并做出理性的判断和选择,从而实现自己思想观念和行为的巩固、完美和变革。"随着新时代教育改革的不断深入和发展,反思已成为促进班主任班级管理能力提升的共识,是班主任专业发展的必然选择。让我们共同努力,在反思中学习,在反思中研究,在反思中进步,在反思中生长。

五、在反思中处理好班主任与学校的关系

(一)"高于学校的要求,才能达到学校的要求"

学校各部门的要求不同,只有高于学校的要求,才能达到学校的要求。比如学校要求早晨7:10到校,可以要求学生7:05到校;学校要求中午1点午自习,可以要求学生12:45开始午自习;交作业的时间,科任教师要求第一节课,可以早自习收上来;大扫除,学校要求擦玻璃,可以要求任何地方都

清洁一次……总之学校有学校的要求,班级内部也应该再提要求,什么样的要求是不过分的,学生能做到的,班主任掌握起来应该没有问题。

(二)"想在学校前面,跟在学校后面"

"想在学校前面"指的是一些细节。比如运动会,可以组织学生散场后的卫生。比如家长会,可以准备纸杯,让家长喝口水。比如班会,可以根据学情、班情适时开展。

"跟在学校后面"指的是学校组织的活动,如班班唱,市级文艺展演,元旦联欢,运动会,班会,三好学生评选,卫生评比等高度重视,组织学生积极参加、认真准备,让学生体会,任何事情只要认真做,就会有好的结果。借助学校提供的教育机会,及时解决一些问题,扛着学校的大旗,办着学校的事儿和班级里平时不好解决的事儿,将学校牵头的工作保质保量地完成,甚至可以说添油加醋地完成。

六、通过反思探寻学生行为背后的原因

进入高三,学生有了新变化。开学不久,我感觉到学生很焦躁。已经做了这些孩子两年班主任的我自以为了解他们,便找到部分同学交谈,希望学生能静下心来全身心投入到学习中去,可是结果并不理想。在这种焦躁的氛围下,学生之间的矛盾日益增多,甚至影响了与老师的关系。面对问题,我深刻反思了导致这种状况的原因,深入调查了学生的想法并找到问题所在。原来,我对待学生的思维依然停留在高二阶段,没有意识到,进入高三,面临高考一步步逼近,很多学生的内心开始慌乱,他们犹如热锅上的蚂蚁,无所适从。

找到问题后,我认为当务之急是稳定军心,坚定学生的信念。于是,我对学生付出更多的耐心,积极查资料找方法。做好准备后,我召开了一次

"奋斗正当时，花开终有期"的主题班会，把勉励学生的话和复习的建议保存在电子黑板中，每天早、中、晚由班干部带领全班同学朗读。这种做法对学生既是建议提醒也是鼓励。

七、通过反思剖析教师的教育行为

有了反思，教师才能把教训变成经验。一次，班里的一名女生犯了错，我在班上当众批评了她，导致了激烈的争吵，影响非常不好。事后我对自己的教育行为进行了深刻剖析，在与学生的沟通方面也多了一些思考。

通过反思，我认识到"有理不在声高"，教育学生要"动之以情，晓之以理"。高三学生处于从少年进入成人的阶段，他们虽然心智还不够成熟，但非常渴望获得承认和肯定，硬碰硬并不能较好地解决问题。特别是面对女生，尽量不要当众批评，应该课后单独劝导，不能让她觉得老师站在她的对立面。女生更加细腻敏感，斥责会让她们远离老师，抵触老师。同时，跟学生沟通不能揪着错误不放，不能咄咄逼人，应就事论事，这样学生才更容易接受老师的意见。

八、通过反思弥补工作不足

我们可以多观摩学习优秀班主任的做法和经验，反思自己的短板和不足。只有在反思中寻找不足，摸索方法，我们才能在班级管理中不断取得新成果，总结新经验。我们可以从建立班级制度、选拔班级干部、建设班级文化、组织班级活动、开展学生工作、促进家校合作等方面建立观察指标，学习别人的工作思路和经验，反思自己的不足，并结合自身特点，选择合适的发展突破口。只有这样，他人的经验才能转化为自身的优势，从而提升自己的专业水平。通过反思，班主任能将原有的经验和新经验结合，将他人的经验和自己的实际结合,从而提高班级管理能力,优化班级管理方法,引导学生不断成长,促使自身不断进步。

九、自我反思的评估示例

(一)专业发展现状

我是一名参加工作 18 年做了 15 年班主任的高中数学老师。同时兼任年级组长和学校第三党支部支部书记,多重工作的叠加虽然很累,但班主任工作仍是我的最爱。本人深耕班主任工作,从最初的懵懂无知到如今的渐渐成熟,一路风雨一路彩虹,积累了很多宝贵的经验。这些经验的累积让我面对如今的班主任工作有以下优点:

处理突发问题更从容、更淡定、更得法。班主任工作更有预见性,什么工作都想在前头,避免了很多问题的发生。开展活动更有个性,有明显的班级标签,有个人的特色即阳光、积极。班委的工作安排更合理、得当。能让班委在工作中得到锻炼,同时也提高了各方面工作的效率,给班委和同学们提供了很多锻炼的平台。创新意识很强,总是不间断地反思自己的工作,没有经验主义,与时俱进。现在微信小程序比较方便,微信小程序恰当地应用到了班主任工作中。比如问卷星,班小二,接龙管家,在线腾讯会议和阿里钉钉等。

2018 年我被评为河东区名班主任,2019 年成立李鸿喜立德树人工作室,工作室成员为我校 10 名左右年轻班主任定期开展工作室活动,带徒弟三人,做我校青年班主任参加市班主任技能大赛的指导老师,赴我区 28 中学做班主任培训讲座一次,多次为我区三好班集体评选工作担任评委,多次为我校做班主任培训工作、新大学生培训工作。

能够平衡好班主任工作和任课教师的工作。我还记得自己第一次带班的时候,第一次月考班级数学成绩很差。原因是我全身心投入到班主任工作中,忽略了专业的数学教学工作,不平衡导致的结果就是自己很忙乱。现在和最初完全不同,对讲课和带班也有了自己的理解。讲课讲得好也是班主任魅力的展现,能够增强学生对班主任的信任感和崇拜感,带班和教课是不冲突的,是互相成就的。

任课教师和学生之间最好的纽带就是班主任。如何让学生亲近各学科任课老师,服从管理,坚决执行。如何处理任课教师和学生之间的小摩擦和小误会。这些工作都是要合理平衡,有的时候需要班主任冲锋,有的时候需要班主任垫后,如今的自己能够平衡好班主任工作和任课教师的工作。

调动家长的积极性。我们总谈家庭、学校、社会三位一体树立学生人格,但家庭的参与度以及家长的作用在现实生活中发挥的作用并不大或者说体现得不明显。我们大部分班主任往往忽略调动家长的积极性。在我的工作中,会和家长保持同步,这个方法来源于幼儿园。小朋友在幼儿园的很多片段,家长可以通过软件了解,可以随时随地点开软件查看录像,捕捉到有的活动孩子表演的节目或者吃早点做游戏等瞬间,老师也会记录下来发到家长群,方便家长看自己的孩子。家长通过观察,可以发现小朋友存在的问题和一些好的不好的习惯。受此启发,在现有学校没有推行实时可以查看监控的软件的前提下,我会把一天的基本流程简单发图或视频到家长群,方便家长了解孩子在校的情况。比如早晨,安安静静的自习我会录像发群;比如午餐我会拍照;比如小测成绩突出我会拍照,等等,让家长一天的时间都可以多多少少了解孩子的情况。人和人之间的沟通从谁先说话开始,一日常规的教育,日常缴费,作业收发,班级活动合理化建议,包括班会课的开展,一些网络学习大家遇到的问题,都可以借助家长微信群这个平台促进家长们的沟通。调动家长的积极性,使其积极参与孩子的教育监督,积极配合学校的各项工作。

15 年的班主任工作，我带过所有的班型，每一个班型的精神面貌都是积极阳光的，每一个班型的学习成绩都是遥遥领先的。我深知不同的班级类型会出现哪些问题，也深知不同的阶段不同的班型所要面临和解决的重点问题。

(二)剖析存在的短板和不足

1. 短板

参加全国及市内的班主任交流活动较少，学习的机会有限，学访的机会等于零，眼界不够开阔。虽然也会借助网络平台看一些资料、了解一个老师和一所学校，但没有亲身经历，总觉得过于片面化，不够立体，不够丰富。班主任带班方面的论文写得较少，理论不足。素材积累得较少、过程性材料流失严重。国家对教育的改革、方针等系统性的文件，以及带来的变化学习得不够，了解得不多，比较匮乏。疫情以来，学生出现了这样或那样的问题，突然感觉自己疏导学生心理问题的能力有限，方法单一也未必科学。有支援薄弱地区班主任队伍建设和发展的意愿，但很难实现，没有平台。在市里分享经验的机会几乎没有。

2. 不足

有的班主任还不能做到有计划地梳理自己带班的经验教训。一直低头赶路，没有抬头看路，更别说回望来时。胆子不够大，有很多好的想法没有大胆地去创新、去实践，随着时间的长河被学习的任务淹没在无声的日复一日中。情绪管理还没有做到炉火纯青，语言上偶有冲动，真正的教育家应该做到静观其变，四两拨千斤。在处理男女生交往问题上，有的老师方法比较单一，家长学校的作用发挥得不够理想。开展家长学校活动较少，家委会发挥作用不大。和各区的班主任队伍沟通的机会较少。

(三)初步的努力方向和改进路径

1. 努力方向

(1)希望自己成为学习型、智慧型的班主任。不断地学习新的文件、掌握新的文件精神、方针政策,和国家的教育改革方向保持一致。创新实践,不墨守成规,出色地完成好各项工作,承担更重要的任务。

(2)希望自己成为专家型的班主任。专业知识更全面,特别是掌握更多的处理学生心理问题的方法,提高自己疏导问题学生的能力,掌握更多的心理学的知识和减缓压力的心理游戏更丰富。希望自己成为专家型的班主任,从看问题的高度,角度等各方面提高自己的能力,让自己成为一个理论扎实且丰富的人,让更多更好的理论助力我今后的班主任工作。

(3)希望自己能出一本有关班主任工作经验的专著。例如,案例分析、经验介绍、班会设计、班干部培养等。

(4)希望自己能参加巡回宣讲,师德宣讲。例如,班主任经验分享。

(5)希望自己有机会上大学或去南方的学校学习参观,开阔眼界。

(6)希望自己有机会去支援偏远地区或薄弱地区。

2. 改进路径

(1)购买班主任工作方面的书籍,多阅读,多积累,提高自己的理论水平。给自己制定读书任务,并及时和工作室成员分享。阅读是我们永不停歇的脚步,阅读能修身明理,增长见识。要想成为一名杰出的班主任必须有强大的理论支撑。

(2)多参加年轻班主任的班会课,一起研究,一起分享。热心参与到年轻班主任设计一节班会课的过程,这个过程既能锻炼自己从第三视角看待班会课,也能帮助年轻的班主任理清思路。借助自己班主任工作室的平台,鼓励年轻班主任多参加活动,多展示自我。开展有特色的班会课活动,做好班会课的教研工作。

(3)多记录,积累素材。记录不是写流水账,而是通过美篇 App 梳理班级发生的好人好事,另外,特殊情况的同学帮扶的过程要做好记录。这就要求自己具有敏锐感,心要细,记录要准确。班级工作繁多复杂,有很多点很多面,力求记录能全面,能给学生正确的指引,达到润物无声的效果。

(4)多思考,总结经验教训。班级大小事务,要形成有计划有预案,有总结有反思。过程性材料要及时整理好,特别是事后反思,要真实不虚假,求精不求字数多少。让平凡的工作散发智慧之光,经验教训就是我们准备下一步工作的利剑法宝,每一次的教导都让学生留下深刻的印象。

(5)多学习心理健康方面的书籍,多看一些成功的案例。以前也总有此想法,但实践很少。本次学习,学生在教科院的组织下购买了一些书籍,打算认真阅读,做好笔记。弥补学生心理健康辅导和建设方面的空缺。

(6)和更多优秀的班主任多交流多分享,互相学习。我所在的小组导师是刁雅俊校长,学员有徐鑫和张秀清两位老师,分组后有什么问题可以请教刁校长,有什么困惑和烦恼和两位老师倾诉,学习。特别是每次在市教科院的学习,都能有机会接触更多优秀的人才,利用课间的时间多交流,互相学习。一群有共同志向的老师们在一起,学习氛围很浓。

(7)珍惜集中培训的机会,我的职业生涯中,有很多学习的机会。我在这些学习中自觉认真完成各项作业,不应付、不对付,保质保量地完成,达到提升自己的目标。

班主任工作是一门艺术,对班主任自身的要求很高,我在带班的过程中体会很深。既丰富了自己的生活,又提高了自身的能力。遇到不同的班级,碰上不同的事情,都是这项工作给我们提出的问题和挑战。只有不断地追求和探索,才能使自己成为勇敢的六边形战士。只有不断提高自己的学识,不断追求更高的思想境界,才能更好地指导学生的青春生活,以及灿烂的求学时代,给学生更美好、更笃定的深远影响。

第四节 "特"为矛:班主任要对症下药

在高中班主任工作中要以生为本,针对不同学习状况、行为习惯和素养的学生实施分类教育和管理,提升班集体的凝聚力,实现高质量的班级管理,使每名学生能在良好的班级氛围中有效学习、健康成长。

在学生心智渐趋健全,个人行为习惯、思维认知都初步形成的高中教育教学中,班主任要有一定的班级管理艺术,才能有效处理班级中的各项事务和各种问题,才能调动每位学生积极向上的动力。当然,学生之间许多方面是存在差异的,班主任工作不能搞一刀切,也不能一团和气,什么事都轻描淡写。

一、走近学生,为因材施教铺路

高中阶段可以说是学业之路中最辛苦的一个阶段,学生可以很明显感觉到学业压力逐渐地增大,并且伴随着学生对自我意识和主体意识的逐渐增强,他们身上也慢慢展现出了各种各样的个性色彩。因此,我们要想管理好一个班集体,就要学会走近学生,要多了解学生的性格、家庭和学习状况,因为这样多方面的了解能够给学生营造出来一个更好的学习环境,这点看似很小其实也是个很重要的内容,假设师生闹得不愉快,也会导致课堂的教学质量和班级的管理质量大打折扣,最终只会有弊无利。

高考可以说是改变一个人命运的重要转折点!在教育部门和社会家长的"众目睽睽"之下,每个学生身上都背负着巨大的压力与责任。因此,每所高中都在拼了命地抓教学质量,甚至把学生吃饭、休息的时间挤了又挤,感觉很多学校的生活作息都快变成准军事化管理了! 但是这样真的好吗? 我觉得不一定! 因为如果班主任不讲究方式方法,学生不仅会厌学、逆反,甚至还会崩溃,最终只会得到一个适得其反的结果! 其实只要平时好好观察就可以发现每个班级只有少数几个学生是要老师严格盯防的,但大多数学生只要班主任指导教育到位就会自觉地守规守矩。因此,我们也要学会对学生进行分类管理,要从他们的学习、生活、品性和成长等多方面进行深入了解、分析,然后因材施教,分类管理,这样才能把一个班级管理得更好!

二、用心管理,打造健康班集体

随着社会竞争和压力的增加,我们的学生,特别是高中生更有压力。而且因为家庭教育缺失或家长期望值过高等原因,我们不少学生要么心智不够健全或成熟,显得幼稚;要么,是狭隘、偏执、任性,不顾及别人的感受;还有就是渴望展示、证明自己,但是又不愿意努力奋斗。因此,我们在班主任工作中,要根据不同学生、不同状况、不同问题进行有效点拨、引导和教育。

(一)尊重关爱,将关心落到实处

班主任首先要尊重、理解和关爱每个学生。亲其师,信其道。要让学生亲近班主任、信任班主任,班主任就要先做到爱学生。如果我们把学生当成自己的孩子或者是弟弟妹妹的话,就会多一份责任感,也多了一些压力和动力。很多高中生在学习和成长中会出现各种各样的问题,我们要在关爱的前提下实施教育,让他们真正认识到制度的重要,认识到自己行为方面的问题。

(二)严格认真,堵死自由散漫之风

一个班级的进步关键是班风建设,要每位学生严格遵守班规校纪,把主要精力放在学习上。对高中生来说,外边的影响和诱惑是巨大的,他们有的经不住网络游戏的诱惑,有的是禁不住不良少年的拉拢,因而误入歧途。我们在制定班规的时候就要严格要求,把丑话、处罚说在前头:迟到了怎么办,上课睡觉怎么办,将手机等通信工具带到学校怎么办。有些学生经过谈心能够纠正错误;而有的学生是屡教不改,一错再错。对此,我们要严格要求。如,一个学生将手机带到班级,我联系家长将其带回家反省。之后与家长进行了深入交流,推心置腹地分析上学带手机的利与弊,一方面,让家长认识到对孩子不严格管教,不仅考学无望,而且成人都会出现问题。另一方面,让这个学生深刻反省,弄明白自己到底要成为什么样的人。最后按照学校的有关规定给予严重的校纪处分,并且手机由班主任代管,到期末考试后才予以归还。虽然,这个学生在一段时间内可能不理解老师的严格要求,但是,等他学习成绩提高,思想觉悟提升了,他会发自内心地感激班主任的。"严"字当头是班主任工作的一种手段,但是严格也要注意尺度,要了解学生,如果学生精神状态、思想认识存在一些偏激,我们就要变通,要在有效疏导的前提下严格。当然,班主任工作除了关心呵护、严格要求,还要热心。不管是成绩好的,还是成绩不好的学生;不管是行为习惯好的,还是行为习惯不好的学生,我们在工作中都要给他们表达的机会。教师要表现出理解、欣赏和肯定的样子,有足够的耐心与热情,对那些比较有个性的、偏激的学生,适当地加以照顾也是需要的。总之,在高中班主任工作中,我们要了解学生,在学生出现问题的时候进行分类处理,在具体工作中关爱和严格要求相结合,在遵循制度、规范的前提下,让每位学生都不断要求自己,提高自己,实现优秀班集体的建构。

(三)"不同的阶段,做不同的工作"

班主任工作内容广泛,不同的阶段应该做不同的工作。每天、每周、每月、每学期都要有自己工作的重点,这样在具体的工作中,方向性比较强,不要等着问题出现,要有计划性,要预想在这一阶段学生的情况,学习过程中可能遇到的问题,在思想上和生活上起到指路明灯的作用。

在带高三(5)班时,我用一个月让学生收敛,两个月让学生习惯,三个月让学生顺溜。每周的重点抓两名"学困生"的转化。把学生分好学习小组。培养学习标兵。做好任课老师和学生之间情感的传递。通过不同的班会形式,形成"比、学、赶、帮、超"的学习氛围,最终推动整个班级良好学习氛围的形成,推动整个班级学习成绩的提高。

第
6
章

群策群力：
幸福教育引领下的内高班建设

内地新疆高中班（以下简称内高班）是指选拔新疆的优秀应届初中毕业生到中、东部发达地区就读高中，利用发达地区的经济、教育优势提高新疆各族学生受教育质量的一种跨文化、跨区域的合作办学模式。作为一项具有国家战略意义的少数民族教育政策，内高班自 2000 年开办以来，不断扩大招生规模，极大满足了新疆各族适龄青少年接受内高班教育的迫切需求。

为贯彻落实中共中央《关于维护新疆稳定的会议纪要》精神，进一步加快新疆各民族人才培养步伐，促进各民族共同繁荣、共同进步，党中央、国务院决定从 2000 年起在内地部分经济发达城市举办内地新疆高中班。天津市第四十五中学作为天津市首批特色校，于 2010 年开始承办内地新疆高中班。办班 11 年来，我校认真落实党的民族政策，始终把教育"为谁培养人，培养什么人，怎样培养人"作为新疆高中班教育的根本问题，把新疆高中班教育工作建设和发展提升到维护国家和谐稳定的政治高度。目前，我们对于新疆高中班的建设和管理提出了新的思路，更对于维护国家和谐稳定具有积极的作用。在内高班建设过程中，我们实现了以下内容：

社团活动多维化。深入挖掘理想信念教育和中华传统文化教育同社团活动的有机结合,新增设了 4 个社团,分别为书法社、花艺社、舞龙社、刺绣社,做到对三个年级新疆学生的全面覆盖,并评选出优秀作品进行了校内外的展示活动。

社会实践短程化。充分利用天津市内红色教育基地等资源,开发出了 3 条疫情防控背景下的短程社会实践活动路线,包括参观蓟州区盘山烈士陵园,探访周邓纪念馆,学党史、重走长征路。主题班会系统化。各个新疆班均开展系列主题班会 20 节,如《铭记历史,勿忘国耻》《让青春在劳动中闪光》等,涵盖了理想信念教育、中华优秀传统文化教育、心理健康教育等主题。经过项目团队的精心打磨,最终打造出了 3 节精品班会进行展示和推广。

日常管理制度化。8 个新疆班均实行量化管理制度,并根据各自班级情况制订出了独一无二的班级日常量化管理评分细则。由班长和纪律委员负责统计分数,每两周公布一次量化成绩,调动了学生的积极性。

家访沟通常态化。构建实地家访、线上家访、线上主题班会及线上生日会等线上线下相结合的家校沟通模式,做到班主任与家长沟通的常态化。

心理健康科学化。采取了收集《心理成长周记》、心理咨询和心理宣泄、开展心理运动会、构建心灵图书角等措施,关注、调节学生的情绪和心理。品牌推广创新化。通过与天津广播电视台、天津教育报等媒体保持紧密联系,创建公众号,与天津市其他民族班交流等方式,将项目进行展示和推广。

项目成果科研化。项目团队成员将项目开展过程中遇到的问题进行及时的反思和总结,从中归纳出解决问题的方法与策略,并将自己的所思、所感、所得撰写成论文,发表于《天津教育报》,获得了广泛的关注。

第一节　党团课程——培养学生家国情怀

由于内高班学生均为少数民族，因此培养他们对于党和国家的热爱，培养他们的家国情怀至关重要。对此，我们学校专门开设了一系列党团课程，包括参观蓟州盘山烈士陵园、参观周邓纪念馆、学党史·重走长征路活动的社会实践项目；设计了《追寻觉悟足迹，赓续红色精神——"沉浸式"党史学习主题班会》《坚定信念，轻装上阵》《传承"四史"红色基因，厚植爱国主义情怀》《"九一八"勿忘国耻》《以我青春之采，献礼百年荣光》等班会活动。下面，我将以本校崔苗苗老师的《边疆的孩子爱祖国》班会设计为例，简要阐述我们党团课程的宗旨和作用。

一、《边疆的孩子爱祖国》课程设计

（一）背景分析

班级成员是来自新疆的少数民族学子。我校拥有天津市第一支全部由新疆少数民族学生组成的服装正规、训练正规的国旗班，多次参加市区各级大型活动。国旗班60%左右的成员来自我班。利用此次班会，利用庆祝中华人民共和国成立七十周年的机会对学生进行爱国情怀教育和民族团结进步教育，取得良好效果。

（二）教育目标

本节班会设计的各个环节意在让每一个学生都参与到教育活动当中，确保每一个学生都受到教育的班会活动，增强学生们的爱国情怀，把活动与学习贯彻习近平新时代中国特色社会主义思想和党的十九大精神结合起来，与传承和弘扬爱国主义精神结合起来，引导学生坚定理想信念，刻苦学习实践,做听党话跟党走的好孩子。

(三)设计理念

本节班会以学生活动为主体,以"中国精神"为主线,让学生去寻找他们心中的"中国精神"。学生将平日社团活动中学到的本领、技能有机地和"中国精神"联系起来,这些社团活动中渗透了我们中华文化的博大精深、同时蕴含了我们中国精神的点点滴滴。学生用各种形式展现了更为立体的"中国精神"。

(四)活动过程

1. 升旗仪式,国旗班出旗

通过震撼的室内升旗仪式,提高学生自觉维护国旗尊严的意识,增强对五星红旗的神圣感,增强学生们的爱国情怀。仪式后的国旗班旗手真实感言是孩子们的成长体验,在成长中体验到底什么是民族自豪感和历史责任感。

2. 国旗班旗手感言

吾拉勒:参加国旗队训练后,身份对自我认知、行为习惯的改变。

迪丽努尔:对国旗的挚爱,从国旗与我无关上升到护卫国旗的自豪,到爱国情怀。

3. 师生观看短片

《70年岁月如歌》建国历史及新中国巨变。

4. 心中的"中国精神",学生代表展示"中国精神"

(1)"自信精神":木夏热普

展示中国结社团的作品。从未曾接触到忐忑,后来,一批又一批来访的客人对我的作品爱不释手和格外地好评。忐忑没有了,如今拿起材料的时候就是一个无比自信女孩子,从中国结制作中体会到自信对于一个人来说是多么重要。

(2)"工匠精神"：古力米热

参加篆刻社团已经快两年了，收获颇丰，受益匪浅。展示新的作品——中国精神。在篆刻社团，深深体会到了工匠精神在社会主义建设发展过程中的重要性。

(3)"民族团结精神"：伊力哈木江等快板社成员

最初因为普通话不好，害羞腼腆不善言辞。经过快板社的学习，不仅普通话进步了，学习进步了，还经常登台表演，展示快板社团学到的《歌颂十九大》。

(4)"雷锋精神"：伊米然

展示书画社团作品雷锋肖像的画作。用生动笔触勾勒出自己心中的雷锋，勾勒出他的"向上"和"向善"精神。这样的画像也激励学生保持一个善良的心，帮助所能帮助人。

(5)"红船精神"：尼加提

展示剪纸社团作品——红船。

"一个大党诞生于一条小船。"这一"大"与"小"的对比，生动折射出一个政党从小到大、从弱到强的历程。红船逐浪，路在何方。重任在兹，谁与担当？一群平均年龄仅有28岁的"同学少年"回应人民和历史的召唤，于悠悠小船之上发出了划破天际、响彻大地的最强呐喊，肩负起自近代以来各种政治力量不可能完成的艰巨使命，自此成为团结带领人民寻找光明的摆渡人。

5.原创爱国诗朗诵

朗诵《驶向明天》。

6.学生谈体会

学生们对于现在生活、对于祖国的一些感言。用他们真实、质朴的语言表达着自己的体会、自己对于祖国的感恩之情。

7. 乃比江和苏比姐姐的视频寄语

连线本班学生乃比江和苏比的姐姐,这两位姐姐都是已经从内高毕业的,或回家乡或留在内地,不论在哪里都以自己行动为祖国出一份力。姐姐们也是孩子们的榜样,让他们明白感恩祖国,更要将自己的理想和国家命运紧密相连。

8. 全体师生合唱

合唱《我和我的祖国》。

(五)活动延伸

在本次班会后,围绕爱国主义主题进行课本剧编练和班级征文活动,进一步深化爱国主义教育。

班会评价:从整体来讲,本节班会,主题鲜明、设计合理、流程自然、环环相扣、层层深入,是一堂生动的深入人心的主题班会。

笔者作为一名旁观者深受教育,并为之振奋,为祖国奋斗的 70 年而振奋,为祖国辉煌的 70 年而振奋。作为一名老师,看到学生克服困难战胜自己,听到学生那种由内而外,发自心底的声音与呐喊,完全被学生高涨的爱国热情所感染,热血沸腾,我想参与其中的老师和同学们更会印象深刻,是一堂值得被铭记的班会课。

开场的升旗仪式,沉稳不失帅气,庄重不失英姿飒爽,代入感很强,同学们迈着坚实的脚步如同祖国 70 年前进脚步的回响,让人肃然起敬,民族自豪感油然而生。

回到现实,国旗班同学代表发言,言之凿凿很接地气,他在国旗班的故事就发生在我们身边,以小见大推己及人,欢笑感动之余,给我们更多的思考。小到个人,大到国家。个人的成长连着祖国的前途命运,身在其中的我们，不能不为之所动。

《70年岁月如歌》引出中国精神，思想高度得到了升华，"自信精神""工匠精神""民族团结精神""雷锋精神""红船精神"学生们用在社团活动中学到的技能生动地诠释了中国精神，让同学们对中国精神了有了具体的认识，不再只停留于表象，思想上的立体感更强，记忆度更深，也鞭策着我们的日常学习和生活。

基于在思想上有了沉淀，引领同学们《驶向明天》，饱含深情与期望。学生谈体会，真情流露。班主任结束语，意味深长。

全班合唱《我和我的祖国》使主题班会的气氛更加热烈，莘莘学子通过歌声表达对祖国的热爱和赞美。身在他乡，走到哪里都有祖国的保护，走到哪里都能感受到民族团结一家亲。在唱响主旋律、讴歌新时代的路上，怎么能少了我们内高班的同学，同学们的爱国之情拳拳之心，感同身受。从个人到祖国，从祖国到个人。情怀的激烈碰撞，赋予在场所有人力量。从岁月如歌到中国精神再到驶向明天，整个班会的流程如同一幅幅精彩的画卷向我们铺展开来，很直观地呈现在我们面前，一次次给我们震撼和鼓舞。

从细节来讲，这次班会主题鲜明，有较强的时间性和针对性，值此中华人民共和国成立70周年之际，站在历史的节点，这一伟大历史时刻，开展爱国主义班会课，有其特殊的教育意义。内容丰富，形式新颖恰当。从国旗班的故事开始一点一点地介绍人、介绍事、介绍国家、唱响未来，打破了单一的班主任说教式的班会形式，通过不同形式的环节支撑心中的教育大爱，巧妙的环节更加吸引人，印象深刻。实效性明显，爱国是一个永恒的话题，我想这次班会会对学生产生深远影响。发挥了班主任主导作用，以学生为主体，锻炼了学生主动参与意识，师生合作，碰撞出火花。笔者认为本次班会课达到了良好的育人效果，值得推广和借鉴。

第二节 完善管理——注重学生规范养成

相比于内地学生从小被困在城市里,接受各种规范教育,内高班的孩子更加自由,对一些基本规范不算特别了解。对此,我们也开展了一系列班会,希望能够规范学生行为,帮助他们养成良好的行为习惯。本节所列举的班会设计就是其中几个比较突出的范例。

一、《考前诚信教育》班会设计

(一)班会目标

1. 以期中考试为契机开展诚信教育,引导学生从诚信考试做起,做一名诚信的好学生,促进良好考风、班风、学风的形成。

2. 对学生进行思想道德教育,促进学生践行社会主义核心价值观。

(二)班会流程

第一部分:引入主题

教师从正面引导,让学生认识到诚信是每个人不可缺少的重要品德。

第二部分:讲故事,明事理

1. 把全班学生分为6个小组,抽签领取课前准备资料的任务。

2. 课上先由3个小组向同学们展示大家都熟知的关于"诚实""守信"的名人名言,如孔子的"人而无信,不知其可也"、《论语》中的"与朋友交,言而有信"等,并结合具体的名言谈谈自己的感受。

另外3个小组的学生结合生活中的实例谈谈对诚实守信的理解。如结合考试作弊事件说一说诚信考试对自我、学校甚至社会的影响,引导学生认识到诚信考试的重要性。

教师对其进行引导与总结，诚实守信对一个人的成长非常重要，但如果犯过错误仍能勇敢地正视错误，也是向诚信迈出的重要一步。

第三部分：宣读倡议书

全班学生一起宣读"诚实应考，做文明学生"的倡议书，并在倡议书上签字

第四部分：选出自己的诚信名言

要求学生选出一句自己的诚信名言作为自己的座右铭，激励自己不断进步。

(三)班会反思

通过此次班会课，学生认识到了诚信的重要性，促进学生社会主义核心价值观念的形成。与此同时，诚信考试的话题相对严肃，教师要把控好课堂的氛围，以达到良好的教育效果。

二、《做文明学生，创文明校园》班会设计

(一)班会目标

学生通过此次班会课可以认识到讲文明既是个人素质的体现，也是文明校园的重要组成部分，讲文明使校园更美丽。此次班会课，学生结合校园中文明与不文明的现象谈观点，引导学生认识到自身存在的不良行为习惯，使其自觉养成文明的行为习惯。

(二)班会流程

第一部分：知

1. 校园文化知多少

我们的校园经过了多年的发展，已经成为一所学风正、校园美的学校。这一切都离不开历届师生的共同努力。此环节将全班学生分为 6 组

进行校园知识竞赛，以最后排名获取积分。题目的设置可以涉及校园文化建筑和文化墙的含义、学校的历史大事迹、学校获得过的重大荣誉、学校的场馆如中华传统文化馆、民族团结馆及校史馆的相关知识等，使学生深刻体会整座校园浓郁的文化氛围，潜移默化地增强学生们对校园的热爱。

2. 行为习惯知多少

让每个小组抽签按顺序表演小品，演示在学校生活中最常见的不文明行为。

小组长抽取一个不文明行为（如：乱扔垃圾、公共场所吸烟等），一位组员表演动作，另一位组员说出对应的不文明行为，做对猜对分别得分。并请下一组学生说出应该怎样做，没说全或没说出的扣分，最后通过各小组的排名获取积分。

以这种方式提醒学生不良行为习惯的危害，从而规范学生的行为习惯，引导学生平常就要从小事做起。

第二部分：行

1. 文明班级我们共享

个人文明是创建文明班级的基础，班级在一个月内开展"今天我的一个良好行为"活动，并对学生小组进行排名并积分，并评选出我认为的最好行为，在班级内进行表扬和公示。

2. 文明校园我们共创

引导学生想象：如果以上这些文明行为在班级中、校园中到处可见，我们的校园将变成怎样的景象。以小组为单位进行交流，然后请学生代表发言，描述得越全面积分越高。同时，在校园内开展清扫校园、禁烟校园的活动，培养学生良好的卫生习惯。

第三部分：宣读倡议书

由班长宣读《做文明学生，创文明校园》的集体倡议书，班主任作总结发言。

（三）班会反思

这次班会具有较强的针对性，利用知识竞赛、表演等形式，结合了班级里同学们看得见的行为实例，现身说法，具有较强的教育意义。同时，通过学生的实践，引导学生养成良好习惯，为创建文明校园奠定基础。

三、《健康饮食，助力学习》班会设计

（一）班会目标

1.学生学习营养健康知识后，可将这些知识运用到自身实际生活中，增加知识的实用意义。

2.学生通过学习，能够有积极的生活态度，养成健康的生活方式，有意识地向周围人宣传营养健康的生活理念，让更多的人从中受益。

（二）班会流程

第一部分：课前布置任务

将全班学生分为6个小组。3个小组搜集与人体所必需的七类营养素有关的知识，包括七类营养素的主要食物来源和主要功能等内容。另外3个小组的学生各选择一种感兴趣的"美食"在课下搜集整理资料，内容可以涉及这些"美食"对人类健康的危害以及其配料和制作过程等。

第二部分：学生分析早餐食谱

学生分小组汇报人体所必需的七种营养素，全班学生一起学习。每组学生结合七种营养素的知识，对课前自己记录的早、中、晚饭的食谱进行分析，这些食谱是否营养合理、搭配均衡，以及如何改进更科学。

在课上安排互动游戏环节,学生参照膳食宝塔改进自己的营养早餐,并进行学习小组之间的现场 PK,激发学生的学习热情。

第三部分:讨论喜爱"美食"的原因

在教师的引导下,学生以小组为单位对课前整理的"美食"内容进行汇报。在课堂展示过程中,教师可引导学生利用新闻等视频或不堪入目的图片展示辣条、奶茶等"美食"的黑心制作过程。

在学生了解了他们最喜欢的"美食"之后,引导学生进行小组讨论"年轻人喜欢网红美食的原因",贴近学生生活,引发共鸣。学生通过对"美食"的深入分析,或许可以从改变自己的饮食理念开始,对喜爱的"美食"说不,慢慢影响周围人,从而为社会风气添加正能量。

第四部分:健康饮食,营养均衡

此节班会课结束后,在班级内部建立同学之间相互监督机制,学生相互监督一个月的早餐情况,督促大家养成营养健康早餐的良好习惯。

在学生认识到了自己平时经常吃的"美食"的危害后,教师可引导学生不吃不健康的食品,或者可以选择生活中对健康有益的零食。

(三)班会反思

通过平日观察,班主任发现学生有很多不良的饮食习惯,例如,有些新疆班的学生每天起床困难,经常来不及吃早餐或简单对付几口,且在课间经常有三五成群的学生们在瓜分薯片、饼干、辣条等各种小零食,很多学生存在不同程度的肠胃问题。为此,开展此次班会很有意义。

第三节 社团活动——促进学生交流融合

为了更好地丰富内高班同学的课余生活,我们建立了4个社团,包括书法社、花艺社、舞龙社、刺绣社,覆盖到更多学生,学生对中华民族传统文化有了更深入的理解。书法社团的学生提升了技法；花艺社团的学生认识了学校树木,增加了对校园的喜爱之情；舞龙社团已形成规范化的多民族舞龙队；刺绣社团的学生独立完成刺绣作品,做事更细心周密。

一、书法社团活动实施方案及总结

（一）活动主题

增强学生对书法艺术的了解和热爱,感受中国书法的魅力,提升书法水平,传承民族文化,热爱中国传统文化。

（二）活动目的

了解书法基本知识,掌握正确的坐姿、立姿、执笔姿势等,养成良好写字习惯。通过学习写一手好字,增强对道德素质、意志毅力、审美情操的培养。

（三）活动地点

达信楼社团活动中心。

（四）活动对象

内高书画社团学生和爱好书法的学生。

（五）活动时间

每周日上午。

（六）实施过程

书法社团任课老师为内高处胡阶庆主任。主要训练用毛笔书写汉字,扎实毛笔的笔墨技法。根据不同学生的接受情况，实行分层教学，为每个学生制定社团活动的学习目标，鼓励学生提升自我，突破自我。

除了书法知识讲座和笔触练习外，还组织学生去博物馆、艺术馆参观展览活动，进行经典名作鉴赏学习。同时，经常邀请专业书法家上来校授课，对学生技法进行指导。鼓励学生积极展示，在校园中进行书法展览，有社会人士来校学访时，鼓励学生利用现场展示的作品来送予他们。

（七）活动总结

学生在社团活动中受益匪浅，对中华民族传统文化有了更加深入的理解。社团中有多名学生积极参加市级、区级比赛，名次位列前茅。学生在比赛中锻炼了心志，交流了经验，提升了技法。今后仍会将此社团开展下去，继续传承优秀传统文化。

二、花艺社团实施方案及总结

（一）活动主题

推广和普及插花技艺、植物分类基础知识，建立爱绿、护绿意识。

（二）活动目的

引导学生用心聆听自然，用花艺装点生活，在繁忙的学习里，寻找诗意生活的瞬间，享受大自然带来的美感。感受自然美的同时，培养学生积极乐观的生活态度。

（三）活动地点

生物实验室。

（四）活动对象

内高学生。

（五）活动时间

每周日上午。

（六）实施过程

花艺社团的任课教师崔苗苗老师为本项目成员之一。崔老师在花艺社团课程中设置了植物分类、花艺基础知识、鲜花插花、干花造型、校园植物调查、植物书签制作等内容。

学生在花艺社团进行了鲜切花造型实践,用红色银柳制作的干花花篮每逢元旦、春节等重大节日就会出现在内高食堂和报告厅的舞台上,成为最好的点缀。

学生在学习鉴别植物方法后,对校园植物进行调查,统计了植物种类和分布,并绘制成图。同时,采集了部分植物学习制作成书签。

（七）活动总结

参加社团活动后学生纷纷表示,从来没有如此清楚这校园的一草一木,本以为无数次走过所有角落,原来还有从没留意的风景。对校园的喜爱更深了一层,特别是植物书签既是对校园最美好的记忆,又是鼓励自己好好读书的动力。学校也因此社团更新了植物台账,今后还可更加丰富该社团内容。

三、舞龙社团活动实施方案及总结

（一）活动主题

让中华龙腾飞,让中国梦成真。

（二）活动目的

将舞龙的人文精神融入校园育人文化中,通过体会上下飞舞的长龙的精、气、神、韵等内容,少数民族的学生可深切感受到自己是"龙的传人"。

（三）活动地点

体育馆。

（四）活动对象

内高学生。

（五）活动时间

每周日上午。

（六）实施过程

在专业指导老师徐磊的精心指导下，学生从初学到掌握要领，再到动作娴熟，已形成规范化的多民族舞龙队。

龙是中华文化的象征，从古代部落图腾融合而来，体现了中华文化多元一体的格局。舞龙队传承了中华优秀龙文化，舞出了青年学生对文化的自信、舞出了中国精气神。

（七）活动总结

学生们在平日的训练中表现出惊人的吃苦耐劳和团队协作精神。此社团在校园展示中得到了来自校内外的一致肯定，今后会持续此社团的活动，不断传承下去。

四、刺绣社团活动实施方案及总结

（一）活动主题

体验刺绣美，绣出美好生活。

（二）活动目的

培养学生崇尚美、追求美的性格，让学生体会到本民族特有的精神气质和审美意识，传承民族文化。

（三）活动地点

内高教室。

（四）活动对象

内高学生。

（五）活动时间

每周日上午。

（六）实施过程

指导教师为内高处王璐老师。王老师精心计划，精心备课和上课，学生做到凡事开课专心听课，认真完成刺绣任务。

社团意在培养学生良好意志品质和稳定品质，锻炼学生动手能力、合作精神、高雅情趣、审美能力等。活动过程中，王老师首先会通过多媒体的教学手段展示多种刺绣作品，并欣赏刺绣作品，从视觉上引起学生的兴趣。其次王老师会放大自己的操作过程，让学生们看清操作过程，也会手把手教授各种绣法，再让学生自由选出喜欢的图案，完成刺绣。

在老师的帮助下，学生学会了独立完成刺绣作品。绣出了各种各样漂亮的花，还有可爱的小动物。学期末结合学校工作我们举办了学生作品展览，为学生提供表现自己的机会，增强自信心。同时举办"市集"进行义卖，义卖收入用于资助家庭困难且品学兼优的学生。

（七）活动总结

通过参加刺绣社团，学生不仅学会了刺绣还学会克服浮躁的情绪，做事更为细心周密了。在此之前，很多学生从没拿过针，也不会用针，学习刺绣让他们不但会拿针、会用针，还能绣出一幅美丽的小作品。学生充分体会到本民族特有的精神气质和审美意识。

第四节　统筹资源——做好学生服务工作

内高班同学有其特殊性，担任内高班班主任的老师们也尽力根据内高班的特殊性与家长沟通，关注内高班学生的心理健康问题，做好学生服务工作，争取让内高班学生在内地就像在家一般，增强内高班学生对学校的归属感。

一、家访

（一）实地家访

1. 一路同行

新疆学生来到内地读书，家访工作开展虽有难度，但十分必要，每年暑假学校会开展实地家访工作。与学生一路同行，经过四十多个小时火车的颠簸，看他们一路上把疲惫变成了欢乐，一路上的团结互助给艰辛路程上的老师们带来欣慰，也为列车上的乘务人员带来好心情。换个环境与他们相处，看到了学生的另一面，更进一步走近他们。在学校被照顾的是他们，在回家路上他们一个个争着照顾老师。走过他们走过的路，看过他们看过的风景，体会他们体会的艰辛，这些都不是坐在教室里能想象出来的。了解他们的家庭环境、成长背景，才能读懂为什么他们的情绪总会容易有波动，又为什么会有欲言又止的无可奈何。

2. 入户家访

2021年6月崔苗苗、刘盼盼作为班主任和科任教师来到了居住于新疆乌鲁木齐市的迪丽努尔同学家进行家访工作，一进家门开始就感受到他们的热情。通过一下午的家访，向家长反馈关于学生三年在天津市第四十五中学的思想品德、学习态度、学习成效、行为习惯以及生活等方面的情况，虽平时也会进行线上沟通，但大家面对面坐在一起交流，能深入了解学生的成长环境和在家的表现，实现"共建、共管、共育"育人模式。

3. 家访感想

家长对于孩子三年的成长变化十分认可。临别时，家长拉着崔老师的手激动地说："谢谢您能来到我们家，如果没有您的照顾，孩子不会变得这么优秀。如果没党和国家的好政策，我们这些少数民族家庭的孩子不可能接受那么好的教育，成为全家的骄傲。"正是这样的实地家访，让我收获了很多爱和温暖，深切感受到平日所做工作的重大意义，是职业生涯中最宝贵、最独特的记忆和财富。

（二）线上家访

虽然新疆与天津距离较远，但这并没有阻碍班主任与家长之间的沟通与交流。网络为家校沟通提供了条件和保障，班主任积极运用微信、电话等方式与家长建立密切的联系，定期与家长沟通学生的情况，从而达到家校合力育人的目的。

1. 关注学生心理，促进健康成长

部分学生离家在外，会有强烈的孤独感，可能在班级里表现得不明显，因此与家长沟通了解、分享学生的心理状态就显得尤为重要。尤其是到了高三年级，学生普遍心理压力较大，加上考试成绩不理想，学生出现了紧张、焦虑等情绪。班主任与家长沟通的过程中，让家长意识到孩子的这种情绪虽然普遍，但仍需引起足够重视，建议家长在与孩子每周联系时要注意沟通的方式方法，以鼓励、安慰的话语为主，为孩子树立信心，不要过多增添孩子的压力，让他在较为轻松但充实的心态下学习和生活。

班主任通过与家长积极沟通，时刻掌握着学生的情绪和心理动态，为班级秩序的稳定和教学的顺利开展提供了保障，也便于班主任和家长及时发现学生的心理问题，预防可能出现的严重问题，做到防患于未然。

图1-2　家校沟通

图3-4　家校沟通

2.分享点滴进步，推动全面发展

学生虽然远离家人，但他们成长过程中不能缺少家人的关爱。班主任们与家长分享学生的点滴进步，让家长虽然远在新疆，也能及时了解学生的动态,给予学生鼓励和支持。家人的鼓励可以为学生注入更加积极的力量,增强他们的自信心,乐观地面对困难。学生在老师和家长的双重鼓励与关爱下,不断增强信心,将对家人的牵挂转化成前进的动力。老师和家长不仅是学生进步的见证者,更是引导者,与家长分享学生多方面的进步,有助于家长分析自己孩子的兴趣专长以及缺点短板,从而帮助学生做好人生规划。

为了学生的健康成长和全面发展,班主任要不断尝试,不断创新与家长的沟通模式,做到及时关注学生动态,随时沟通学生情况,迅速解决学生问题,让家长能够参与到学校教育中来,努力做好家校合力育人。

二、线上主题班会

新疆学生每年暑假回家一次,所以每当暑假来临,已经远离家乡近一年的孩子们思乡情绪浓重,表现浮躁,甚至与同学发生一些矛盾,产生心理问题。因此,我们8个新疆班在这个时期会开展线上主题班会。

(一)"津疆一家亲"线上主题班会

班会前,先在家长群向学生家长发布班会通知,征集参会家长。向家长们征集视频《宝贝,我想对你说》,让参会家长提前做好视频连线准备。

在班会上,老师向学生播放了家长们录制的视频,孩子们看后大受鼓舞。家长、同学们积极发言,会场气氛非常热烈。

(二)线上生日会

在学期中期,各班组织全班学生为过生日的学生开线上生日会。线上生日会的特色是邀请家长参与,与家长实时连线,提前播放家长事先录制好的视频。

本次活动,拓展了班主任与家长的沟通渠道和沟通形式。纾解了学生的思乡情绪,增强了班级凝聚力,让学生和家长都感受到天津与新疆并不遥远,家人和亲人就在身边,活动更进一步推动了家访沟通的常态化。

三、心理健康教育

(一)背景分析

面对复杂多变的外界环境,学生并不成熟的心理容易受到影响。尤其是由于疫情反复,新疆学生一直封闭在校、无法外出,每天接触的环境单一且枯燥,导致学生压抑、郁闷的情绪始终无处排解,长此以往,容易产生严重的心理问题。

因此,我们采取了一系列措施关注学生的心理动态,调节学生的情绪和心理。

(二)具体措施

1. 收集《心理成长周记》,关注学生心灵成长

为及时了解学生的心理状况,每周收集《心理成长周记》。新疆学生在四十五中学不断感受到关爱和帮助,特别是班主任老师对他们无微不至的呵护让学生们感受到家的温暖。经过了几个学期的相处,学生们与自己的班主任建立了充分的信任,正因如此,那些不愿意被同学知道的困惑和苦恼,那些亟待解决的困难和问题,那些藏在心底的小秘密,都被写在了周记里。学生们把周记当做倾吐心声的园地,与老师交流的纽带,让情绪得以宣泄,情感得以抒发。

在每学期的特定时间会指定周记的主题。如开学第一周主题为"我有一个目标,踮踮脚就可以到达",考试后的主题为"反思与进步",学期结束前的主题为"有始有终,方能达到彼岸";岁末年初让学生们通过周记的形式写下新年目标;重要节日时抒发自己的感想等。更多的时间里,不设定周记的主题,给予学生充分表达感情的机会,学生也能通过周记发现自己心态

的变化。

在阅读学生的周记时，我们常常能够体会到学生对家人的思念、对学业的焦虑、对同学关系的困扰，以及即使面对诸多困难也为自己加油打气的顽强精神。班主任通过仔细阅读周记及时了解了学生的心理状况，并在每篇周记后给予针对性的建议和鼓励，与学生进行心与心的交流，帮助学生健康成长。对于一些不愿在周记中倾吐心声的学生，班主任则在日常学习生活中对他们进行格外关注，从他们的行为中感知他们的心理状态。

2. 借助"幸福成长中心"，引导学生正确抒发情绪

"幸福成长中心"是学校着力打造的集心理咨询空间、心理宣泄空间、心理放松训练空间等为一体的学生心理成长中心，面向全校学生开展心理咨询服务、团体心理辅导、心理健康教育课程等活动。

(1)心理咨询空间

当学生遇到难以解决的情绪或心理问题时，班主任老师鼓励学生去往"幸福成长中心"向心理老师倾诉，心理咨询空间舒适的环境让学生更加放松，能够以平和的态度诉说自己的困扰和纠结，聆听心理教师的建议。心理教师往往与新疆的学生不熟悉，学生反而可以不用在意他人的眼光，尽情倾诉。

(2)心理宣泄空间

隔周的周末"幸福成长中心"专门为封闭在校的新疆学生开放。学生在心理宣泄空间打拳击、跟着"互动宣泄仪"中的画面跳健美操，将心里压抑许久的情绪发泄出来，将压力转化为动力，将苦恼化为汗水，让郁闷的情绪通过舒展的肢体得到消解和释放，从心理宣泄空间走出来的学生都感觉到身心无比轻松。

图 5-6　新疆学生在"幸福成长中心"

（3）心理放松训练空间

心理放松训练空间则为新疆学生提供了多种类型的智力挑战、VR 放松体验、模拟沙盘等心理训练，其中 VR 放松体验受到学生们的广泛欢迎。新疆学生远离家人，需要独自处理生活、学习、人际交往等诸多问题，难免会产生很多负面情绪和消极心理。学生在心理放松训练空间利用音乐、冥想等方式不断稳定自身情绪，调节心理状态。

图 7-8　新疆学生在心理放松训练空间

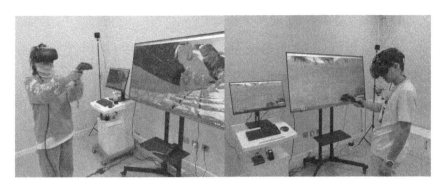

图9-10 学生在心理放松训练空间

3.开展心理运动会,释放心理压力

心理运动会是借助团体辅导工具箱在团体的场景下进行的一种团体心理辅导,可以促进团队氛围的和谐,增强团队的凝聚力,提高团员的情绪管理能力。

每学期开展3至4次心理运动会,以班级为单位组织学生参加,各班之间进行比拼,比赛后颁发奖状和奖品。竞赛项目有"珠行万里""抢滩登陆""无敌风火轮""毛毛虫竞速""齐心协力跳绳""二人三足""同心鼓"等。学生在竞争中体验到合作的快乐,学会了如何处理与同学的关系,缓解了学习生活带来的压力,释放了压抑心中已久的情绪,从而提高心理素质,改善心理健康水平,在运动中体验快乐,在挥洒汗水的同时展现青春的活力。

图11-12 学生积极参与心理运动会

4. 建立心灵图书角,浸润幸福心灵

在班级里建立"幸福心灵"图书角,发动老师们和学生们为图书角捐赠心理健康相关的图书、杂志、报纸等。学生们在课余时间了解了心理健康方面的知识,掌握了一定的自我调节和心理诊断的方法,认识到了心理问题并不可怕,只要积极面对、及时疏导,就有可能得到有效解决。

"幸福心灵"图书角不仅帮助学生了解自身心理,养成了读书的习惯,拓宽了知识,丰富了精神世界。很多学生通过阅读心理图书,发现了自己的兴趣,并计划在未来学习会从事心理学相关的专业。

5. 反思分析

通过以上几项措施,我们做到了学生心理健康问题的预防以及疏导,让新疆学生在封闭的校园内也能及时调节心理状态,保持健康的心理。接下来,我们将继续探索更多有效的措施,保障学生的心理健康。

在内高班建设的过程中,我们采用社团展示、出访交流、媒体宣传等形式向同行、社会进行推广,受到同行、媒体、社会的关注,产生了积极的社会影响。

(1)社团展示树榜样

每当有教育同行、社会人士、上级领导到学校进行访问视察时,我们都会精心组织

图13 "幸福心灵"图书馆

社团活动对到访人士进行表演展示。多维化的社团活动承载着先进的育人理念,为民族班教育同行们树立了榜样。

（2）出访交流做示范

在项目建设后期，为推广宣传课题成果，我们课题组成员积极主动参加各种出访交流活动。李鸿喜老师受邀参加天津市第二十八中学班主任经验分享活动；崔苗苗老师参加天津市"讲暖心家访故事"主题演讲大赛，并荣获高中组一等奖；魏山老师参加全国班主任技能交流活动，他的主题班会、带班方略、育人故事均入选全国典型经验。在活动中，老师们将我们课题建设的班会、家访、心理健康教育等活动向社会进行宣传，在教育同行中起到了示范带头作用。

（3）媒体推广扩影响

在项目建设过程中，我们建立公众号"天津市第四十五中学新疆班"，推广有关社会实践等项目建设的成果活动；项目组成员崔苗苗、刘盼盼、丁蕾、魏山积极撰写新疆班班级管理论文，并在《天津教育报》上发表。让学校优秀的教育管理成果发挥了引领和示范作用，带动民族班的建设和发展，扩大了社会影响力。

6.经验和提升

在这一过程中，我们也积累了许多经验。

（1）制订计划，加强落实

在课题研究之初，课题组召开了 3 次会议，制订了课题研究计划，并根据课题组成员的情况进行了合理的分工，使得后期的众多项目建设得以迅速开展。

（2）提高认识，加强学习

课题组成员在课题开始前对国家的政策方针进行了集中学习。同时，课题负责人李鸿喜老师对课题研究的过程和方法向课题组成员进行多次培训，这些前期工作为项目建设奠定了坚实的基础。

（3）及时反思，及时调整

在项目建设过程中，常常遇到一些困难，比如社团老师课时冲突、社会实践遇上疫情影响等。这时我们就会及时做出反思和调整，使得课题研究能够高质量地进行下去。

[1]张丽萍.高中生自驱型生涯成长模型的构建与思考[J].中学课堂教学研究,2023(02):83-86.

[2]张柳钦,康玉真,周战强.班主任学历对初中学生认知能力的影响——基于 CEPS 数据的实证分析[J].教育与经济,2022,38(06):45-55.

[3]王芹.高中班主任管理中融入品德教育的研究[J].学苑教育,2022(32):17-18+21.

[4]金伟.场域视角下高中班级文化建设的问题及对策[J].甘肃教育研究,2022(10):28-30.

[5]张东.社会主义核心价值观在高中班级文化建设中的实践途径探析[J].吉林教育,2022(30):38-40.

[6]周忠军.职业学校班主任业务能力提升的有效途径[J].学园,2022,15(24):69-71.

[7]骆文俊.班级文化,于无痕处育人——浅谈班级文化建设之道[J].

教育界,2022(23):125－127.

[8]林啟红,张蓉.红色基因涵育高中生成长的校本化实践探索[J].教育文汇,2022(06):27－30.

[9]梁家强.中小学设立班主任节的实践与思考[J].广西教育,2022(16):17－19.

[10]李凯丽.高中班主任职业倦怠成因及对策研究[D].东华理工大学,2022.

[11]陈小娇.高中生语言心态和自我调节学习写作策略与英语写作成绩的相关性研究[D].闽南师范大学,2022.

[12]周美.初中"副科"班主任胜任力现状研究[D].上海师范大学,2022.

[13]孙丽娜.新高考背景下高中教师家访的问题与策略研究[D].鲁东大学,2022.

[14]宋尚霞.高中班主任与科任教师间的冲突是如何发生的?[D].西北师范大学,2022.

[15]瓦新梅.高中班主任在特殊学生中实施情感教育的策略研究[J].考试周刊,2022(15):147－150.

[16]孔祥渊.名班主任工作室评价需进行三个转变——基于S市名班主任工作室终期考核的思考[J].中国德育,2022(06):8－10.

[17]潘龙容.班主任班级管理工作的艺术性思考[J].文理导航(中旬),2022(04):70－72.

[18]汪亚云.以评促建,高校班主任管理模式探讨[J].现代商贸工业,2022,43(05):73－75.

[19]施梅英.高中班主任德育工作中换位思考的实施路径管窥[J].考

试周刊,2021(A1):13-15.

[20].合肥市庐阳区纪贤平名班主任工作室[J].安徽教育科研,2021(34):3.

[21]王娜,索娜卓嘎,岳莉.论班主任应具备的业务能力和综合素养[N].西藏日报(汉),2021-10-12(006).

[22]曹晓庆.课外阅读促进高中生的精神成长——以《苏东坡传》为例[J].中学课程辅导(教师教育),2021(17):90.

[23]许金霞.班主任德育工作中的换位思考实施策略分析[J].读写算,2021(25):69-70.

[24]郑冬丹.高中班主任实施心理健康教育的现状与改进策略研究[D].东华理工大学,2021.

[25]曹凤莲.依托"高中生成长系统"促进学生发展的生涯教育实践探索[J].现代教学,2021(12):51-54.

[26]李佳倩.高中新任班主任德育能力的现状研究[D].云南师范大学,2021.

[27]邓秋玲.县域普通高中班主任工作积极性调查研究[D].湖南科技大学,2021.

[28]赵珍菊.普通高中生成长导师制的实践与改进[D].西华大学,2021.

[29]闫勇.对做好中职班主任工作的几点思考[J].作家天地,2021(10):171-172.

[30].抗疫·思考·行动——"2020年黑龙江省中学班主任专业能力大赛"活动纪实[J].黑龙江教育(教育与教学),2020(11):2+93.

[31]陈明远.农村中学班主任队伍职业倦怠分析与对策——基于福建

省惠安第四中学班主任队伍现状的思考[J].教师,2020(28):9－10.

[32]仲亚丽.班主任"传帮带"培养的实施现状及改善策略研究[D].南京大学,2020.

[33]吴越.因材施教,用心管理为学生成长护航[J].启迪与智慧(中),2020(08):89.

[34]陈闽旭.办好"班主任节",做有"温度"的教育——关于"班主任节"的探索、实践与思考[J].试题与研究,2020(19):118.

[35]朱永强.班级管理存在的问题与对策探究[J].成才之路,2020(19):25－26.

[36]孙萌.高中班主任领导力研究[D].河北师范大学,2020.

[37]夏芸.基于因材施教的高中班主任管理策略探究[J].新课程,2020(24):227.

[38]陈晔,谭延凯.新时代背景下班主任加强班级管理的策略研究[J].天天爱科学(教育前沿),2020(06):138.

[39]钟瑞,谌红娟.新时代背景下高中家长会面临的困境及新模式探索[J].中学教学参考,2020(18):85－86.

[40]尚敏.高中班主任班级管理中的问题及对策研究[D].湖南农业大学,2020.DOI.

[41]周娅娟.高中班主任胜任力调查及提升策略研究[D].南京航空航天大学,2020.

[42]李晓男.关怀伦理视角下高中班主任与单亲家庭学生的有效沟通策略研究[D].广州大学,2020.

[43]孙蕾蕾.新时期高中德育工作中提高家访实效性对策研究[J].安徽教育科研,2020(07):108－109＋122.

[44]孟霞.高中教师家访现状分析及实施策略研究——淄博中学家访案例分析[J].求知导刊,2020(15):2-3.

[45]李瑾.新时期高中班主任思想政治教育工作存在的问题及对策[D].西南大学,2020.

[46]叶净.对技工院校班主任队伍建设的几点思考[J].劳动保障世界,2020(09):61.

[47]黎镇.艺术化解矛盾 展现博学自我——"师德标兵"理念下高中班主任角色思考与实践[J].课程教育研究,2020(08):194-195.

[48]郭敏敏.高中生成长发展中和谐育人环境的建设[J].启迪与智慧(中),2020(02):97.

[49]刘清清.论生源质量薄弱初中的青年班主任队伍建设——板桥中学近三年来新入职青年班主任的调查与思考[J].散文百家(新语文活页),2020(02):157-158.

[50]刘兆科.针对班主任管理引发的思考[J].当代家庭教育,2019(36):43.

[51]朱兆寅.技工院校班主任队伍建设的实践与思考[J].劳动保障世界,2019(32):57.

[52]钱丽娅.做好中学班主任工作的几点思考[J].科学大众(科学教育),2019(10):183.

[53]田巧红.当前班主任建设存在的问题及其思考[J].文学教育(下),2019(10):181.

[54]许贵荣.对高师院校班主任工作的认识与思考[J].教育现代化,2019,6(81):132-133.

[55]王文君."生涯规划"助力学生健康成长——普通高中生生涯规划

教育的实践探索[J].知识经济,2019(30):171-172.

[56]许明芳.中学班主任管理中建立和谐师生关系的思考[J].新课程(下),2019(09):219.

[57]陈思.高中班主任与学生和谐关系构建研究[D].四川师范大学,2019.DOI:10.

[58]刘敏慧.新时期提升中学班主任育人能力的思考——基于北京市通州区中学班主任队伍现状调查[J].华夏教师,2019(25):8-9.

[59]李晓璐.普通高中班主任职业压力的现状、成因及对策研究[D].辽宁师范大学,2019.

[60]曾爱娟,李肖敏.心理团辅对高中生心理社团自主成长初探[C].第十二次全国心理卫生学术大会论文汇编,2019:76.

[61]."有效"的班主任培训:新视角与新思考[J].中学德育,2019(08):58.

[62]李攀.基于成长记录的高中生发展性评价研究[J].试题与研究,2019(21):35.

[63]农颖.高中班立任工作中的师生冲突及化解策略研究[D].华中师范大学,2019.DOI.

[64]易去劣.家校互动视角下的高中阶段家长会改进策略[J].现代职业教育,2019(14):38-39.

[65]王珊珊.高中班主任因材施教德育案例探究[J].大众心理学,2019(05):18-19.

[66]张晓彤.昌吉州M中学高中班主任领导行为现状调查研究[D].新疆师范大学,2019.

[67]张新桂.班主任要艺术地爱学生[J].教师,2019(09):12-13.

[68]林东.普通高中班主任情绪管理现状调查研究[D].青海师范大学,2019.

[69]李芳芳.走进孩子的成长世界——家访对高中寄宿制学校班级管理的实践研究[J].高考,2019(06):52-53.

[70]邵志萍.开好新时代高中主题家长会的几大要素[J].新课程(中学),2019(02):238.

[71]陈建业.谈高中阶段实施传统家访的必要性[J].才智,2019(05):16.

[72]孙芳.论高中信息技术自主教学——从一次别开生面的家长会说起[J].教师,2018(34):92-93.

[73]蒋海波.施甸县第一完全中学高中班主任班级管理的现状及对策研究[D].云南大学,2018.

[74]吴小梅.课外阅读促进高中生的精神成长——以林语堂的《苏东坡传》为例[J].中学课程辅导(教师通讯),2018(22):141.

[75]綦云秋.爱要怎么说,爱要怎么做——浅谈班主任应怎样爱学生[J].中华辞赋,2018(11):233.

[76]潘蓓蕾.国内外普通高中生成长导师制研究综述[J].上海教育科研,2018(08):77-81.

[77]闵谷艳.高中生综合素质评价的理想与现实[D].华东师范大学,2018.

[78]武娟.从日记写作看高中生自我意识成长[J].教学管理与教育研究,2018(06):58-59.

[79]宋宏雄,崔海龙,雷军.形式多样 内容多元 家校合力 共助成长——寄宿制高中家长会模式的探索与实践[J].教育实践与研究(C),

2017(12):29 – 32.

[80]向微,段琼兰.因材施教,层次管理——高中班主任班级问题管理对策研究[C].《教师教学能力发展研究》科研成果集(第十二卷),2017:669 – 672.

[81]高必惠.我爱学生,学生爱我——班主任工作心得[J].昭通学院学报,2017,39(S2):143 – 145.

[82]魏丽华.高中生地理成长档案袋的建立[J].新课程(下),2017(09):184.

[83]王安.分析高中教师家访实效性问题及其对策[J].新课程导学,2017(27):5.

[84]韩炳楠.网络文学对高中生成长的影响解析[J].汉字文化,2017(18):51 – 52.

[85]张治.大数据背景下普通高中综合素质评价研究[D].华东师范大学,2017.

[86]吴光.农村寄宿制高中生"成长导师制"实践研究[D].宁波大学,2017.

[87]陈朝晖.普通高中生综合素质评价实施研究[D].河南大学,2016.

[88]王丽.中学班主任工作策略初探——爱学生:大爱无疆,才能立德树人[J].新课程(中),2016(11):258.

[89]任翠.新疆内高班学生适应性对学业成绩影响的研究[D].石河子大学,2016.

[90]罗阳佳.成长从勾勒未来开始 新高考背景下上海高中生生涯辅导试点引发的思考[J].上海教育,2016(13):48 – 51.

[91]陈海华.新疆内高班高校毕业生就业现状的调查与分析[J].市场

观察,2016(S2):297-298.

[92]黄正平.基本功比赛:班主任专业发展的助推器[J].教育视界,2016(03):7-10.

[93]王建军.爱学生,做一名幸福的班主任[J].求知导刊,2015(18):152.

[94]姜楠.增强文化认同,创设适合的教育环境——关于内高班教育教学实践探究[J].高考(综合版),2015(10):20-21.

[95]李长发.谈如何树立班主任威信[J].新课程(下),2015(05):224-225.

[96]邹建琼.用心就能成为快乐幸福的班主任——参加"提高班主任业务能力高级研修班"学习有感[J].新课程学习(中),2015(05):183.

[97]杨胜贤,秦桂杰.爱学生是班主任工作的核心[J].现代交际,2015(05):189.

[98]邓亚娟.网上家长会——高中家校合作新途径[J].新课程(下),2015(04):74-75.

[99]章庭洋.高中家长会家长宜做些什么[J].福建基础教育研究,2015(04):123-124.

[100]沈萍."爱学生"不是一句美丽的口号——读《给年轻班主任的建议》有感[J].江西教育,2015(11):45.

[101]陈雪.浅谈中学班主任工作难点及培训对策[J].新课程学习(上),2015(03):155.

[102]余芳.高中班主任在教育和教学工作中因材施教的调查研究[J].中外企业家,2015(06):176+178.

[103]尹继彩,杨光山.班主任工作的核心是爱学生[J].教书育人,

2015(04):68.

[104]余谦.变革高中生家长会的思考与探索[J].教书育人,2014(22):6-8.

[105]孙艳.如何提升音乐教师班级管理能力[J].当代教研论丛,2014(11):82.

[106]席晓燕.变化着的新疆——新疆内地高中班护生家访印象记[J].前进论坛,2014(11):25-26.

[107]曹阳.班主任爱学生必须"四做到"[J].西藏教育,2014(09):57-58.

[108]杨渊,段玉红.浅谈新时期如何做好班主任工作[J].当代教研论丛,2014(05):112.

[109]袁丽艳.爱学生是班主任工作的基本原则[J].吉林教育,2014(13):117.

[110]坎班尼沙·尼亚孜.爱学生 做幸福的班主任[J].赤子(中旬),2014(04):249.

[111]于卓.爱学生是班主任心中的永恒[J].成才之路,2014(08):30.

[112]朱艳红.爱学生 做幸福的班主任[J].新课程学习(中),2014(02):167.

[113]李玉凤.爱学生就从点滴做起——班主任工作心得[J].中国校外教育,2013(35):25.

[114]龚美华,王贤.提升高校班主任的业务素养[J].江西教育,2013(33):13.

[115]谭雨媛.爱学生,做快乐的班主任[J].劳动保障世界(理论版),2013(09):98.

[116]刘旭涛.走进学生 了解学生 真爱学生——对班主任工作的几点体悟[J].西藏教育,2013(07):59－60.

[117]陈容.爱学生,做智慧的班主任[J].课程教育研究,2013(16):200.

[118]于秋敏.高中教师家访实效性问题及其对策研究[D].鲁东大学,2013.

[119].关于举办创新班级管理艺术暨全国名班主任工作室建设研讨会的通知[J].河南教育(基教版),2013(04):25.

[120]李永利,刘景龙.浅论如何做好班主任工作[J].中国科教创新导刊,2012(27):207.

[121]秦悦华.爱学生,爱每一个学生——对特教班主任工作方法的一点认识[J].中国科教创新导刊,2012(17):152.

[122]吴婧雯.班主任如何做到"爱"学生[J].新课程(下),2011(11):171.

[123]綦云秋.爱要怎么说 爱要怎么做——班主任应该怎样爱学生[J].吉林教育,2011(30):76－77.

[124]吴玲妹.农村高中家校合作现状分析——以浙江省绍兴县农村高中家长会为例[J].学校党建与思想教育,2011(27):88－89.

[125]吴琦.普通高中家长会工作的创新实践[J].教学月刊(中学版下),2011(08):22－24.

[126]卢华安.农村高中家长会中的学生"心理相悖"现象探析[J].广西师范学院学报(哲学社会科学版),2009,30(S2).

[127]冯晓鹏.三高中家长会别开生面[N].朝阳日报,2007－12－03(A01).

[128]张建华,郭祥春,时江敏.宜昌市夷陵区东湖高中"党员家访百户行"显爱心[J].湖北教育(时政新闻),2005(10):17.

[129]赵广宇,程嘉.怎样开好高中年级的第一次家长会[J].教师之友,2002(10):41.

做好班级育人的大文章

众所周知,学生管理是一门科学,也是一门艺术,更是一种境界。学生就像一群小马驹,充满活力又顽皮。我深信会将他们培养为良驹、好马。"马无夜草不肥",夜草需要人去准备,我愿意去准备新鲜的夜草,因为只有用爱才能培养出好学生。爱虽然是简单的一个字,但是也要讲方法、讲技巧地去爱。爱不是溺爱,应该是严厉的爱、关心的爱、耐心的爱。

热爱班主任工作,是做好班主任工作的源泉和基础。只有爱这个工作,才能想办法、动脑筋,全身心投入班主任的工作中去,也只有热爱这个工作,才会取得成绩,享受到成功的乐趣。

热爱学生,是做好班主任工作的核心;尊重学生,是把学生当平等的人来看,承认只有不足,没有学困;信任学生,是相信每个孩子都能学好。每个学生都有自己的长处,只有独具慧眼,才能发现他们身上的长处,鼓励他们不断探索,使他们的才华得到淋漓尽致的发挥。

宽容大度,这是班主任必须具备的心理品质。宽容首先表现在能容忍学生对自己的不满。如果你想有所作为，就要准备承受责难。假如你不相信这句话，那么你就永远不可能成为一名出色的班主任。宽容还表现在能容忍学生的缺点和错误。金无足赤，人无完人，作为稚气未脱的学生，他们难免会犯错，作为班主任，要善于容忍学生犯错误，不要一棍子打死。

爱学生还表现在善于鼓励学生、赞美学生，因此，在日常的教育教学中，班主任应该以鼓励代替批评，以赞美来启迪学生内在的动力，让学生自觉地克服缺点、弥补不足，这比去责怪、去埋怨有效得多。这样会使学生怀着一种积极的心态，创造出和谐的氛围，有利于学业的成功、班级的进步。

很多班主任把心底对学生满腔的热爱都凝成冷峻的面孔和严肃的目光，以至于学生并不知道老师心中还有爱。想想自己平时的言行，不禁捏了一把汗。其实我们很多的班主任，缺少爱心。对待学生，不是发现优点，肯定成绩，而是专找缺点，将问题放大，因此，有许多个性突出、多才多艺的学生被我们当作"学困生"。

加强师德修养，做学生为人的楷模。所谓学高为师，身正为范，体现师德的重要性之一就是榜样作用，班主任不应该靠权力和大道理向学生施加影响力，而要通过自己的行为举止，用启发的方式，身体力行地做好垂范。一个好的班主任，影响的不是学生的现在，而是学生的一生。因此，提高思想道德水平，加强自身修养是对每位班主任的基本要求。

不断用新的知识充实自己，做知识的富有者。教师的天职是传道、授业、解惑，在知识快速更新、传播渠道多样化的今天，教师已不再是学生获取知识的唯一途径，因此，学生并不因为教师年龄比他大而信服你、尊重你，而是因为你确实知识渊博才敬重和信任你，如果没有真才实学很难在学生中树立威信，故班主任要加强学习，走终身学习的路子，成为学习型教师。对此我更是惭愧，作为一名高中教师，除了自己的专业知识，很多方面都没有学生懂得多,难怪学生缺乏敬佩的目光。

班主任要具备多种能力:如观察、分析、判断能力,组织协调能力、谈心和谈话能力,口头和书面表达能力、交往能力、总结工作的能力、处理应急事情能力,等等。班主任既是消防队员,又是保健医生,还是工程师和艺术家,如在班级建设中,要形成良好班风,就要善于组建有力的班委和团支部,就要开展活动,要形成学生的向心力和凝聚力,培养集体意识,这就需要组织能力,等等。

作为班主任,要让学生深深地感到和你在一起的时候是他一生中最难忘、最快乐、最充实,也是收获最大的一段时光,并产生情感上的依恋、人格上的崇拜,道德上的折服。一句话,因为有了你而幸福。

班主任的角色到底应该如何定位? 这也是值得我们深思的问题。是班级的领导者、管理者、还是教育者呢? 对学生的实际情况我们是否能很好地了解? 若从能力和态度两个维度划分,学生可以分为:能力强态度好,应该给更大的自由发展空间,指导式管理;能力强态度差,应该勤加督促,谨慎表扬;能力弱态度好,应该侧重鼓励,教给方法;能力弱态度差,调低目标,耐心等待。能够根据学生的实际情况,做到因材施教、对症下药,理解关心学生,是我们每个班主任教师必须做到的。

要做一个优秀的班主任教师,是需要付出心血和爱,教育幸福来自学生的成长与自身的发展,来自教育智慧所取得的成功,教育幸福取决于自己的心态与自身的能力,当我们每个人都具备了这样的能力,那么我们就是一位永远幸福快乐的优秀教师。

非常幸运,我是璀若星河的班主任队伍中的一员,我曾经希望得到一个万能公式,用来解决班主任工作中的任何问题。殊不知,时间、地点、人物不同,即使是同一类事件,解决问题的方法也不同。班主任工作中没有万能公式,也不能一成不变。班主任工作是一门艺术,每个班主任都是一位艺术家,人格魅力和高尚学识的共同体。我们在繁忙的工作中起舞,在日复一日的工作中挥洒汗水。我们是太阳底下最光辉的职业,我们有伟大的事业。面对学生中出现的新问题,肩上的担子更重,需要我们每位班主任更具能量,壮大自己,帮助学生,提升幸福感。多年之后,当我们回首,回首我们共同经历的岁月,一个微笑能代替所有,我们微笑地看待过往,微笑地活在当下,微笑地走向未来。

在我的工作中,我非常幸运,领导总是鼓励我、帮助我,给我很多锻炼的机会,让我迅速成长,各方面能力得到了提高。同事总是支持我的工作,分担我的烦恼,拍拍肩膀,握紧拳头,心里暖暖的。家长和我配合默契,形成统一战线,实现共赢。学生对我很好,我的生日他们每年都记得。现在想来,我所有难忘的瞬间都离不开他们,包括我的婚礼。我一天中的大部分时间都在学校度过,和领导、同事、家长、学生打着交道,打着育人的交道,打着幸福的交道。

幸福是可以传递的,情绪是可以感染的。我把我的幸福传递出去,给了学生、给了家长、给了同事、给了家人。培养出一批批热情阳光、积极向上的学生,他们如今在各自的岗位上发光发热。我和很多家长成了朋友,甚至挽救过一段婚姻,曾经带过班级的微信群至今还在,大家都没有退群,偶尔也会聊上几句,曾经一起管理学生里应外合的场景历历在目,很难割舍。在和同事一起奋斗的日子里,干劲十足、披星戴月,虽忙忙碌碌也乐在其中。我儿子今年7岁了,上小学一年级,很可爱,每当我描述在学校的点滴,他的眼里也会含着微笑。我热情高涨的情绪,也影响了周围的人,我喜欢这样的氛围,一起努力工作,一起幸福地生活。其实我们是在互相影响,在彼此高涨的工作热情中互相影响,在彼此对生活的积极态度中互相影响。

　　我很幸福,在这个集体工作生活;我很幸福,在教育路上和大家一起前行;我很幸福,幸福着我的幸福,追逐着我的追逐。

　　感恩遇见,感谢学校,感慨时光,感叹命运。